सरदार भगतसिंह व उनके साथी

सरदार भगतसिंह व उनके साथी

अजय कुमार घोष

वाणी प्रकाशन

वाणी प्रकाशन

4695, 21-ए, दरियागंज, नयी दिल्ली 110 002

फ़ोन : +91 11 23273167 फ़ैक्स : +91 11 23275710

शाखाएँ

अशोक राजपथ, पटना 800 004, बिहार

कॉफ़ी हाउस कैम्पस, महात्मा गांधी मार्ग, इलाहाबाद 211 001, उत्तर प्रदेश

महात्मा गांधी अन्तरराष्ट्रीय हिन्दी विश्वविद्यालय, वर्धा 442 001, महाराष्ट्र

www.vaniprakashan.com
marketing@vaniprakashan.in
sales@vaniprakashan.in

Sardar Bhagatsingh Wa Unke Sathi
by Ajay Kumar Ghosh

ISBN : 978-93-5000-743-3
History/Memoirs

संस्करण 2005
द्वितीय संस्करण 2023

मूल्य : ₹ 195

सिटी प्रेस, दिल्ली-110 095 में मुद्रित

वाणी प्रकाशन का लोगो मक़बूल फ़िदा हुसेन की कूची से

पुनर्प्रकाशन के अवसर पर

काकोरी प्रकरण और 1927 के मृत्युदंडों के बाद, राष्ट्रीय आंदोलन का 1928-31 का जो सशस्त्र क्रांतिकारी दौर है, उस पर मन्मथनाथ गुप्त, यशपाल, शिव वर्मा, माहौर-मल्कापुरकर, हंसराज रहबर आदि के लेखन के माध्यम से बहुत-सी तथ्यात्मक, संस्मरणात्मक, विश्लेषणात्मक सामग्री अब तक आ चुकी है। भगतसिंह और उनके साथियों के दस्तावेज़ और डायरियों का प्रकाशन भी हो चुका है। इसी शृंखला में लाहौर कांसिपिरेसी केस से संबद्ध क्रांतिकारी और '50 के दशक में अविभक्त कम्युनिस्ट पार्टी के महासचिव रहे अजय घोष की लिखी पुस्तक 'सरदार भगतसिंह और उनके साथी' का नाम भी आता है। प्रथम बार इसका प्रकाशन दिसम्बर 1945 में हुआ था और भूमिका लिखी थी, भाकपा के तत्कालीन महासचिव पी.सी. जोशी ने।

अजय घोष लाहौर षड्यंत्र केस के उन अभियुक्तों में थे

जिन पर कोई अभियोग साबित नहीं किया जा पाया और इसीलिये केस के फैसले सुनाये जाने के बाद वे जेल से बाहर आ गए थे। वे मूलतः कानपुर के रहनेवाले थे और उनका प्रारम्भिक विद्यार्थी जीवन वहीं के 'आदर्श बांग्ला विद्यालय' (ए. बी. विद्यालय) से शुरू हुआ था। उक्त विद्यालय की स्थापना अजय के ही पिता डा. शचीन्द्रनाथ घोष ने की थी। कानपुर के बंगाली समाज का ही एक और किशोर, विजय (जो बाद में विजय कुमार सिन्हा के रूप में प्रसिद्ध हुए), अजय का बाल सखा था और यह सखा-भाव कुछ ऐसा मजबूत साबित हुआ, कि लाहौर षड्यंत्र केस तक दोनों छाया की भाँति साथ-साथ रहे। अजय तो केस से मुक्त होने के बाद 1933 में ही कम्युनिस्ट पार्टी के सदस्य बन गये थे, विजय भी सजा काटने के बाद जब बाहर आये, तो कम्युनिस्ट पार्टी में ही शामिल हुए। इस तरह अगर देखें, तो अजय घोष और विजय कुमार सिन्हा का सक्रिय जीवन 13-14 वर्ष की अपरिपक्व उम्र में एक साथ शुरू हुआ। पहले वे रामकृष्ण मिशन की गतिविधियों की ओर आकृष्ट हुए, दोनों ने साथ-साथ कानपुर में रामकृष्ण मिशन की स्थापना की और बाद में देश-काल और परिवार के वातावरण ने उन्हें सक्रिय राजनीति और क्रांतिकारी पार्टी की मुख्य धारा में ला दिया। गौर करने की बात है, कि 1925 के काकोरी केस के तीन क्रांतिकारी–सुरेशचंद्र भट्टाचार्य, रामदुलारे त्रिवेदी और राजकुमार सिन्हा–कानपुर के ही थे और इनमें से दो वहाँ के बंगाली समाज से संबद्ध थे और राजकुमार, विजय के सगे बड़े भाई थे। इस सबका असर तो होना ही था।

सुरेश बाबू काकोरी प्रसंग के पहले से ही क्रांतिकारी दल के प्रादेशिक नेतृत्व का दायित्व वहन कर रहे थे। भगत सिंह जब पहले-पहल कानपुर आये, तो उन्हीं के पास रुके थे। उन्होंने ही भगत सिंह और बटुकेश्वर दत्त को पहले-पहल एक-दूसरे से मिलाया था। बाद में, जैसा अजय घोष ने इस पुस्तक में लिखा है, बटुकेश्वर ने भगत्सिंह से अजय घोष का परिचय कराया था। कितना उत्तेजक तथ्य है कि अकेले कानपुर ने असेम्बली बम केस और लाहौर षड्यंत्र केस को बटुकेश्वर दत्त, शिव वर्मा, जयदेव कपूर, विजय कुमार सिन्हा, अजय घोष, सुरेंद्र पांडेय आदि कितने क्रांतिकारी दिये !

अजय घोष ने इस पुस्तक में भगतसिंह और उनके साथियों के संस्मरण प्रस्तुत करते हुए बहुत सहज और आलीम शैली अपनाई है। अपने क्रांतिकारी जीवन के निर्माण और विकास पर दृष्टिपात करते हुए वे उन सहज जिज्ञासाओं और प्रतिक्रियाओं को टाँकना तक नहीं भूलते, जो अपरिपक्वावस्था में किसी किशोर की भंगिमाओं में सहज ही पढ़ी जा सकती हैं। भगतसिंह से अपनी पहली मुलाकात को याद करते हुए वे लिखते हैं : ‘‘जहां तक मेरा ख्याल है, सन् ’23 में मेरी भगतसिंह से पहली भेंट हुई थी। उनकी अवस्था मेरे बराबर ही होगी—मेरी अवस्था 15 साल थी। कानपुर में बटुकेश्वर दत्त ने उनसे मेरा परिचय कराया था। कद लंबा और बदन इकहरा, पहनावा ढीलाढाला और कुछ बेतुका, बहुत सीधा स्वभाव—वे गंवारू युवक से मालूम होते थे, जिसमें चुस्ती और आत्मविश्वास की कमी हो। मैंने सोचा है, कोई देहाती लड़का। उनके चले जाने पर मैंने बटुकेश्वर

दत्त से यही कहा।" फिर पांच साल के एक दिन को याद करते हुए वे कहते हैं : "सन् '28 में एक दिन मैं आश्चर्यचकित रह गया, जब एक नवयुवक ने मेरे कमरे में प्रवेश किया, और अभिवादन किया। वह नवयुवक भगत सिंह था, लेकिन अब यह वह भगतसिंह नहीं था...लंबा और सुडौल,. होशियार और चतुर, चमकती हुई आंखें, पहले से वह एकदम भिन्न आदमी मालूम पड़ता था।"

इसी सहज, स्वाभाविक शैली में अजय घोष ने इस पुस्तक में अपने क्रांतिकारी जीवन, 'हिंदुस्तान सोशलिस्ट रिपब्लिकन एसोसिएशन' के सांगठनिक स्वरूप, असेम्बली बम कांड, लाहौर षड्यंत्र केस और जेल जीवन के बारे में अपनी जानकारियाँ और अनुभव अंकित किये हैं। लेकिन इस किताब की एक और खूबी चंद्रशेखर आज़ाद, भगतसिंह, जितेन्द्रनाथ दास, शिव वर्मा, जयदेव कपूर, डॉ. गयाप्रसाद और किशोरीलाल से संबंधित वे संस्मरण हैं, जिनमें मानव स्वभाव का बड़ा ही पारदर्शी चित्रण हुआ है। इन लोगों पर पहले भी बहुत कुछ लिखा गया है, लेकिन एक अच्छा संस्मरण लेखक किसी बहुत जाने-पहचाने व्यक्ति को भी ऐसे सर्वथा मौलिक व्यक्तित्व में ढाल दे सकता है, कि पाठक उसे नये अस्वाद भाव से ग्रहण करें। अजय घोष में वह प्रतिभा थी, लेकिन बाद में सांस्थानिक राजनीतिक गहमागहमियों में फंस जाने के कारण वे बानगी-भर दे पाये। उनकी उसी यादगार पुस्तक का अब पुनर्प्रकाशन हो रहा है। यह बहुत ही खुशी की बात है। इसकी प्रथम और मूल भूमिका में पी.सी.जोशी के राष्ट्रीय आंदोलन के सशस्त्र क्रांतिकारी

अध्याय से संबंधित दो और पुस्तकों का ज़िक्र किया है–एक, कल्पना दत्त (उनकी पत्नी और चटगांव आर्मरी केस से जुड़ी क्रांतिकारी) की लिखी हुई 'चटगांव के अधिकारी' और दूसरी निरंजन सेन की 'बंगाल के विस्मृत वीर'। उम्मीद की जानी चाहिए कि जल्दी ही वे पुस्तकें भी हिंदी पाठकों को सुलभ होंगी।

–सुरेश सलिल

भूमिका

भगतसिंह और उनके साथियों के संस्मरणों के लेखक अजयकुमार घोष स्वयं लाहौर-षड्यंत्र केस के अभियुक्तों में से एक है।

जेल के बाहर अजय कम्युनिज़्म की ओर आए और पार्टी में शामिल हुए, उसी तरह जिस तरह उनके अन्य चार साथियों ने, जो अभी भी जेल गें हैं, जेल के अंदर कम्युनिज्म को स्वीकार किया।

भगतसिंह के एक और साथी धनवंतरि भी युद्ध प्रारंभ होने के बाद से ही जेल में नजरबंद हैं। वह भी वर्षों पहले पार्टी में शामिल हो गए थे।

मुझे विश्वास है कि कामरेड अजय के संस्मरणों के पढ़ने वाले पाठकों के हृदय में सन् तीस के बाद के वर्षों के क्रांतिकारियों की गौरवपूर्ण स्मृति जाग उठेगी। वे यह भी समझ सकेंगे कि अपने अपूर्ण कार्य को पूरा करने के उद्देश्य से किस प्रकार वे पार्टी में आए और क्यों पार्टी को ही अपनी क्रांतिकारी परंपराओं का वास्तविक उत्तराधिकारी उन्होंने समझा।

आज के देशभक्त युवकों से मैं कहूँगा कि वे कल्पना दत्त

की पुस्तक 'चटगाँव के अधिकारी' तथा निरंजन सेन की 'बंगाल के विस्मृत वीर' भी पढ़ें और बंगाल के उन अन्य आतंकवादियों के बारे में ज्ञान प्राप्त करें, जो आज भी बंगाल की विभिन्न जेलों में बंद पड़े हैं। इन पुस्तकों का अध्ययन न सिर्फ उन्हें अनुप्रेरित ही करेगा; वरन् उनका राजनीतिक ज्ञान भी बढ़ाएगा। मैं आशा करता हूँ कि चालीस साल के ऊपर के बुजुर्ग देशसेवी भी, इन्हें पढ़कर न केवल अपने गौरवपूर्ण अतीत की याद में विभोर हो उठेंगे, बल्कि आज की लज्जाजनक अवस्था का भी उन्हें बोध होगा जिसमें लोग उस पार्टी को जो उन क्रांतिकारियों की महान परंपरा का उत्तराधिकारी है, जिसमें वे अपने अधूरे काम को पूरा करने के लिए शामिल हुए हैं, ग़द्दारों की पार्टी कहा जाता है।

—हमारे नवयुवक विद्वेष से अपना पथ ओझल न कर दें;

—हमारे बुजुर्ग उन पवित्र स्मृतियों को न भूल जाएँ;

—राजनीतिक जीवन में सत्य का स्थान असत्य को न लेने दिया जाए।

सभी देशभक्तों से और विशेष रूप से, जो हमसे मतभेद रखते हैं उनसे यही हमारी अपील है। अजय के ये संस्मरण उन तरुण-तरुणियों और माता-पिताओं की राजनीतिक जानकारी को बढ़ाने में मदद करेंगे, जिन्हें अपनी मातृभूमि की स्वतंत्रता प्यारी है। देश की आजादी और जनता के सुखी जीवन के निर्माण के लिए अब भी हमें लड़ना है। इस कार्य में हम सबको कंधे से कंधा भिड़ाकर बढ़ना होगा।

दिसंबर 15, 1945

—पूरनचन्द्र जोशी

सरदार भगतसिंह व उनके साथी

विषय-सूची

सरदार भगतसिंह और उनके साथी

सन् 1929-30 का लाहौर षड्यंत्र केस एक अनोखी घटना थी। जिस दिन केन्द्रीय असेम्बली में बम फटा उस दिन से लगाकर भगतसिंह, राजगुरु और सुखदेव की फाँसी के दिन तक सारी जनता की आँखें उस ओर लगी रहीं। सभी जानना चाहते थे कि मौत से न डरने वाले इन वीरों के क्या सिद्धांत हैं, और किस चीज के लिए ये लड़ रहे हैं। किसी और घटना में जनता ने इतनी दिलचस्पी नहीं दिखाई। भगतसिंह और उनके साथियों के बारे में बड़े-बड़े गीत लिखे गए, कविताएँ लिखी गईं—उनकी कथा वीर-गाथा बन गई। बच्चे-बच्चे की जबान पर उनका नाम चढ़ गया।

यह कौन लोग थे जो एकाएक इतने लोकप्रिय बन गए ? उनका उद्देश्य क्या था ? वे इतनी सहानुभूति और प्रशंसा के पात्र कैसे बन गए ? इन प्रश्नों का उत्तर मैं निम्न पृष्ठों में देने की चेष्टा करूँगा।

जहाँ तक मेरा खयाल है, सन् '23 में मेरी भगतसिंह से पहली भेंट हुई थी। उनकी अवस्था मेरे बराबर ही होगी—मेरी

अवस्था 15 साल की थी। कानपुर में बटुकेश्वर दत्त ने उनसे मेरा परिचय कराया था। कद लंबा और बदन इकहरा, पहनावा ढीलाढाला और कुछ बेतुका, बहुत सीधा स्वभाव—वे गँवारू युवक से मालूम होते थे, जिसमें चुस्ती और आत्मविश्वास की कमी हो। मैंने सोचा है कि कोई देहाती लड़का। उनके चले जाने पर मैंने बटुकेश्वर दत्त से यही कहा।

कुछ दिनों बाद उनसे मेरी मुलाकात हुई। लंबी बातचीत हुई। नई उम्र, उन दिनों हम लोग क्रांति के सपने देखा करते थे। समझते थे कि बस क्रांति तो होने को ही है—देर कुछ वर्षों की ही है। शायद समझते थे, बस क्रांति दो-चार वर्षों के अंदर आ ही रही है। मगर भगतसिंह की राय कुछ और थी। उनके शब्द तो ठीक-ठीक याद नहीं है, पर इतना याद पड़ता है कि वे कहा करते थे कि देश की अनपढ़ और सीधी-सादी और नासमझ जनता को जगाना बहुत मुश्किल है। उनकी ऐसी बातें सुनकर उनके बारे में मेरा पहला खयाल और दृढ़ हो गया।

पहले भी क्रांति की जो कोशिशें हुई थीं, उनकी चर्चा हम लोग अक्सर किया करते थे। पहले लाहौर षड्यंत्र केस के शहीदों और ख़ासतौर से सरदार कर्त्तारसिंह का जिक्र करते-करते भगतसिंह का चेहरा चमक उठता था। हम लोगों में से किसी ने कर्त्तारसिंह को नहीं देखा; उन्हें जब फाँसी दी गई थी, उस समय हम लोग गोद खेलते बच्चे थे। परंतु, यह हमें मालूम था कि वे बाबा सोहनसिंह भखना, बाबा रूरसिंह और पृथ्वीसिंह आजाद (आज़ इन्हें सब सरदार पृथ्वीसिंह के नाम से जानते हैं) के साथी थे और 18 वर्ष की अवस्था में ही क्रांतिकारी गदर पार्टी

के नेता बन गए थे। कर्त्तारसिंह एक निर्भय योद्धा और श्रेष्ठ संगठनकर्ता थे–शत्रु भी उनकी प्रशंसा करते थे। मैं तो उनकी पूजा ही करता था। भगतसिंह के मुँह से उनकी कहानियाँ सुनकर, मुझे बड़ा आनंद मिलता था। मेरे हृदय में भगतसिंह के लिए भी जगह हो गई और कानपुर से जाने के पहले वे मेरे घनिष्ठ मित्र बन गए–जबकि उनके दृष्टिकोण का जो मुझे उस समय निराशावादी मालूम होता था, मैं बराबर मज़ाक बनाता।

काकोरी की गिरफ्तारियाँ

1925 में काकोरी केस की धर-पकड़ शुरू हुई। हम लोगों के ऊपर वज्रपात हुआ। कुछ सप्ताहों के अंदर हमारे नेता जेलों में पहुँच गए। गिरफ्तारियों और तलाशियों का ताँता जारी रहा। बहुत से लोग संदेह में पकड़े गए और हवालात में उनको गहरी यंत्रणाएँ दी गईं। गिरफ्तारियों को जो असर हुआ, उसे देखकर मेरा दिल टूट गया। वे व्यक्ति जो हमसे सहानुभूति प्रकट करते नहीं थकते थे, हमारी छाया से भागने लगे। वे नवयुवक जो लंबी-लंबी बातें करते थे हमारी व्यायामशाला को–जिसकों हमने कानपुर में शारीरिक व्यायाम सिखाने और अपनी पार्टी में नए लोगों को लाने के उद्देश्य से स्थापित किया था–छोड़कर भाग चले। सारे प्रांत में आंतक छा गया।

1926 में मैं यूनिवर्सिटी में पढ़ने के लिए इलाहाबाद गया। काकोरी की गिरफ्तारियों से बचे हुए लोगों को लेकर हमने पार्टी

को फिर से संगठित करने की कोशिश की। कार्य कठिन था। हमें ऐसा लगने लगा मानो क्रांति दूर, बहुत दूर की चीज हो गई है।

वह असहयोग के बाद का जमाना था। असहयोग आंदोलन की असफलता देखकर बहुत से युवकों ने आतंकवाद का रास्ता पकड़ा था। उधर कांग्रेस गरम और नरम दो दलों में बँट गई थी। स्वराज्य पार्टी नरम दल को गाँधीजी का आशीर्वाद प्राप्त था। इसलिए देश में उसी का बोलबाला था। धारा सभाओं के बाहर राजनीतिक काम बहुत कम होता था। आम सभाएँ बहुत कम होने लगी थीं; और लोग भी सभाओं में बहुत कम जाते थे। सारे देश में शांति छाई हुई थी—श्मशान की शांति !

इस स्थिति को कैसे खत्म किया जाए, इसके बारे में हमारे साथी तरह-तरह के कार्यक्रमों पर विचार कर रहे थे। देश में समाजवादी साहित्य आने लगा था। सोवियत रूस में नवंबर-क्रांति की विजय और समाजवादी शासन की स्थापना हमारे आँखों के सामने थी। इसके अलावा सोवियत ने साम्राज्यवाद के खिलाफ चीन और तुर्की को जो मदद दी थी, उसने हमें और अधिक प्रभावित किया था। हम उस समाजवादी राज तथा उसके बुनियादी सिद्धांतों और विचारों के बारे में ज्यादा से ज्यादा जानने के लिए उत्सुक हो उठे।

उसी समय हमारे देश में एक घटना और घटी। लेकिन उसका महत्व हम लोग उस समय पूरी तौर पर नहीं समझ पा रहे थे। जबकि सारा देश निराशा के अंधकार में डूबा हुआ था, गिरणी कामगार यूनियन (मज़दूर सभा) के नेतृत्व में बंबई के

मज़दूर, कलकत्ता तथा कानपुर के मज़दूर अपनी लड़ाइयाँ लड़ रहे थे। इस नए ढंग की लड़ाई ने सारे देश का ध्यान खींचा था।

हमारा ख़याल था कि आतंकवाद, अर्थात जनता के दुश्मनों के ख़िलाफ़ सशस्त्र कार्रवाई के द्वारा ही जनता को जगाया जा सकता है। पर, अकेले आतंकवाद से हम स्वतंत्रता हासिल नहीं कर सकते हैं, यह भी हमें साफ दिखाई देता था। सवाल यह था कि जब आतंकवादी कार्यों से जनता में आंदोलन की लहर उठेगी तो उसको क्या रूप दिया जाएगा ? और जब ब्रिटिश हुकूमत उठ जाएगी तक हम कैसी सरकार बनाएँगे ?

इस बीच भगतसिंह पंजाब में जोरशोर से काम कर रहे थे। उन्होंने और उनके साथियों ने नौजवान भारत सभा की नींव डाली थी, जिसका उद्देश्य समाजवादी विचारों का प्रचार करना और नौजवानों को सशस्त्र क्रांति की आवश्यकता समझाना था। नौजवान सभा से ही आतंकवादी दल के लिए अच्छे-अच्छे नौजवानों को भी चुन लेना था। आगे चलकर यह सभा बहुत लोकप्रिय हुई। पंजाव के नौजवानों के अंदर उग्र विचारों को फैलाने में इसका सबसे बड़ा हाथ था।

भगतसिंह कुछ समय तक सरदार सोहनसिंह 'जोश' के संपादन में निकलनेवाले समाजवादी पत्र 'कीर्ति' के संपादन-विभाग में भी काम करते रहे।

हिंदुस्तान सोशलिस्ट रिपब्लिकन एसोसिएशन

सन् 28 में एक दिन मैं आश्चर्यचकित रह गया, जब एक नवयुवक ने मेरे कमरे में प्रवेश किया, और अभिवादन किया। वह नवयुवक भगतसिंह था, लेकिन अब यह वह भगतसिंह नहीं था जिससे दो वर्ष पहले मेरी मुलाक़ात हुई थी। लंबा और सुडौल, होशियार और चतुर चमकती हुई आँखें–पहले से वह एकदम भिन्न आदमी मालूम पड़ता था। थोड़ी ही देर बात करने के बाद मुझको मालूम हो गया कि भगतसिंह की बुद्धि में कितना विकास हुआ है।

काकोरी षड्यंत्र केस के भगतसिंह और चंद्रशेखर आजाद यही दो नेता बच गए थे। और हमारी पार्टी की बागडोर इन्हीं के हाथों में थी। पार्टी का कार्यक्रम और संगठन नए सिरे से किया गया था, जिसको भगतसिंह ने मुझे समझाया।

हमारे दल का नाम हिंदुस्तान सोशलिस्ट रिपब्लिकन एसोसिएशन हो गया था। उसका उद्देश्य हिंदुस्तान में समाजवादी राज्य स्थापित करना था। पार्टी की एक केंद्रीय कमेटी तथा प्रांतीय और जिला कमेटियाँ भी बनाई गई थीं। प्रत्येक निर्णय इन कमेटियों के द्वारा किया जाता था, और बहुमत की बात हर एक को माननी पड़ती थी।

मगर स्वतंत्रता और समाजवाद को प्राप्त करने के लिए हमारा रास्ता पहले ही वाला था–अर्थात् व्यक्तियों और छोटे-छोटे दलों द्वारा सशस्त्र कार्रवाइयाँ। हमारा विश्वास था कि देश में फैल

हुए विधानवाद को इसी तरह ख़त्म किया जा सकता है; इसी प्रकार देश को भय के पंजे से छुटकारा दिलाया जा सकता है। हम लोग सोचते थे खास-खास जगहों पर और कुछ बदमाश अफसरों पर हम लोग वार करेंगे। इससे जनता की पस्ती ख़त्म हो जाएगी और देश में एक नई जाग्रति फैल जाएगी। इस प्रकार जो जन-आंदोलन शुरू होगा उसकी बागडोर हमारा सशस्त्र दल सँभालेगा और उसको समाजवाद के रास्ते पर ले जाएगा।

भगतसिंह के व्यक्तित्व में एक नया तेज़ पैदा हो गया था जिससे हर एक मिलने वाले पर बड़ा असर पड़ता था। उनकी बुद्धि की तेजी के सभी कायल हो जाते थे। भगतसिंह के बोलने में वक्ता के गुण नहीं थे, लेकिन उसमें इतनी सादगी और स्पष्टता थी कि सुननेवाले पर असर होना जरूरी था।

उस दिन हम लोग रात भर बात करते रहे। अँधेरे आसमान में जब सवेरे की लाली फैल गई तो हम लोग टहलने के लिए निकले। हमें ऐसा लगा, मानों हमारे पार्टी के इतिहास में एक नया दिन शुरू हो गया हो। अपना लक्ष्य और उसको प्राप्त करने का रास्ता साफ दिखलाई पड़ने लगा।

उन दिनों हम लोग समाजवाद का यही मतलब समझते थे। उस वक्त के राष्ट्रीय नेताओं पर से हमारा विश्वास उठ गया था; उनके विधानवाद से हम ऊब गए थे और हमारा खयाल था कि हम अपने उदाहरण से नए क़िस्म के नेता तैयार करेंगे। समाजवाद हमारे लिए एक आदर्श था; एक ऐसा आदर्श कि जिसके आधार पर शासन-सत्ता अपने हाथ में लेने के बाद एक नए समाज का निर्माण किया जाएगा।

पहली बार

सन् 1928 में साइमन कमीशन के आने पर देश भर में हड़तालें हुईं, प्रदर्शन हुए, बंबई के मज़दूरों ने विरोध में एक दिन की आम हड़ताल की। जहाँ-जहाँ भी कमीशन गया, वहाँ-वहाँ असंख्य जन-समूह ने 'साइमन लौट जाओ' का नारा लगाया। ऐसे दृश्य असहयोग आंदोलन के बाद से देखने को नहीं मिले थे।

लाहौर में जब साइमन कमीशन पहुँचा तो पुलिस ने प्रदर्शनकारियों पर लाठियाँ चलाईं। लाला लाजपतराय को गहरी चोट लगी और कुछ हफ्तों के बाद उनकी मृत्यु हो गई। सारे देश में शोक छा गया।

शोक के साथ-साथ लोगों में क्रोध और घृणा का भाव था, जिसमे कुछ पस्त-हिम्मती की पुट थी। दिनदहाड़े, हजारों लोगों की आँखों के सामने देश के एक बूढ़े और आदरणीय नेता को मौत के घाट उतार दिया गया। लोगों ने सोचा दुष्टों को इसकी सजा अवश्य देनी चाहिए।

हमारी पार्टी ने बदला लेने का निश्चय किया। नवंबर 1928 में लाठी चार्ज करनेवाले असिस्टेंट पुलिस सुपरिंटेंडेंट सॉन्डर्स को लाहौर कोतवाली के सामने गोली मार दी गई। लोग इस घटना से उछल पड़े।

यह हमारा पहला वार था—ऐसे ही और हमलों से हम सारे देश को झकझोर कर जगा देना चाहते थे।

असेम्बली में बम

राष्ट्रीय आंदोलन में फिर तेजी आ गई। 1929 के दिसंबर में कलकत्ता में कांग्रेस का अधिवेशन हुआ, जिसमें यह निश्चय हुआ कि यदि एक वर्ष में ब्रिटेन औपनिवेशिक स्वराज नहीं दे तो पूर्ण स्वतंत्रता की घोषणा कर दी जाए। वर्षों से देश पर छाए हुए निराशा के काले बादल धीरे-धीरे हटने लगे। हर जगह युवक संघ बनने लगे, और बंबई में दूसरी बड़ी हड़ताल शुरू हुई।

हमें ऐसा लगा कि अब आगे एक बड़ी लड़ाई आ रही है। देश में ऐसी आग लग रही थी जैसी कि 1921-22 में लगी थी। हम उस लड़ाई में हिस्सा लेने के लिए तेजी से तैयारियाँ करने लगे—शस्त्र और रुपए जमा किए जा रहे थे, हथियार चलाने की शिक्षा शुरू कर गई थी। बम बनाना सिखाने के लिए जतीनदास को कलकत्ता से बुलाया गया।

अप्रैल 1929 में बड़े-बड़े अक्षरों में समाचार छपे कि सारे कम्युनिस्ट और मज़दूर नेता गिरफ्तार कर लिए गए हैं। पूरनचंद्र जोशी भी जो उस समय इलाहाबाद यूनिवर्सिटी विद्यार्थी और युवक संघ के नेता थे गिरफ्तार कर लिए गए। उनकी गिरफ्तारी पर विद्यार्थियों ने बहुत बड़ा प्रदर्शन किया।

भगतसिंह और हमारे अन्य साथियों की कम्युनिस्ट नेताओं से पहले भेंट हो चुकी थी। हम लोग उनसे सहानुभूति रखते थे। हम लोगों ने सोचा था कि कम्युनिस्ट पार्टी से संबंध स्थापित करें। योजना यह थी कि कम्युनिस्ट जनता का संगठन करेंगे, और जन-आंदोलन चलाएँगे, और हमारी पार्टी हथियारबंद दस्ते का

काम करेगी। किन्तु जब हमें मालूम हुआ कि कम्युनिस्ट हथियारबंद कार्रवाई को हानिकारक समझते हैं, तब हमने अपना विचार बदल दिया। यद्यपि हम लोग कम्युनिस्टों की गिनती क्रांतिकारियों में नहीं करते थे क्योंकि क्रांति का मतलब हम लोग हथियारबंद लड़ाई समझते थे। तब भी कम्युनिस्टों की कई बातें हम लोगों से मिलती-जुलती थीं। साम्राज्यवाद के प्रति उनकी घृणा, विधानवाद का विरोध, खुले विद्रोह की बात तथा समाजवाद के लिए उनका प्रयत्न; यह सभी हमें अच्छा लगता था।

इसलिए कम्युनिस्टों की देश-व्यापी गिरफ्तारियों को हम लोगों ने क्रांतिकारी आंदोलन पर वार समझा। कम्युनिस्ट भी साम्राज्यशाही के दुश्मन थे। उनके ऊपर चोट हमारे ऊपट चोट थी। साम्राज्यशाही एक तरफ लोगों की विधानवादी मनोवृत्ति को पुष्ट करना चाहती थी और दूसरी ओर जनता पर दमनचक्र चला रही थी। हम लोगों ने उनकी नीति का विरोध करने का निश्चय कर लिया।

कुछ दिनों के बाद केंद्रीय असेम्बली में मज़दूर-हित विरोधी ट्रेड्स-डिस्प्यूट बिल पास हुआ। इसके बाद ही असेम्बली भवन में सरकारी मेम्बरों की सीटों के पास बम फटा। भगतसिंह और दत्त घटना-स्थल पर ही पकड़े गए।

एक ओजस्वी वक्तव्य में, जिससे भगतसिंह की क़लम का जोर प्रगट होता था, उन्होंने अपनी जिम्मेदारी को स्वीकार किया, और यह भी बतलाया कि उन्होंने ऐसा क्यों किया है। दोनों आदमियों को कालेपानी की सजा मिली।

उसके बाद ही अचानक हमारी लाहौर की बम फैक्टरी का

भेद खुल गया और सुखदेव, किशोरीलाल और अन्य साथी गिरफ्तार कर लिए गए। जयगोपाल ने पुलिस के सामने पार्टी का सारा भेद खोल दिया। हंसराज वोहरा भी मुखबिर बन गया। फिर तो चारों तरफ धर-पकड़ होने लगी। और कई आदमी सरकारी गवाह बन गए। कुछ ही सप्ताह में बिहार, युक्त प्रांत और पंजाब के सक्रिय कार्यकर्ताओं और नेताओं को पुलिस ने पकड़ लिया। अन्य साथी गुप्त हो गए। मैं भी अंतर्ध्यान होना चाहता था कि गिरफ्तार हो गया।

हम लोगों की सारी तैयारी धूल में मिल गई। सारी उम्मीदों पर पानी फिर गया; सबसे अधिक निराशाजनक बात यह थी कि पुलिस के अत्याचारों को न सहने के कारण सात आदमी, जिसमें से दो हमारी केंद्रीय कमेटी के सदस्य थे, मुखबिर हो गए।

मुक़दमें

जुलाई 1929 में हम तेरह आदमियों* को अदालत में पेश किया गया। वहाँ फिर भगतसिंह और दत्त से हमारी मुलाकात हुई। यह भगतसिंह अब पुराने भगतसिंह नहीं थे, जिनकी शारीरिक गठन और ताकत हमारी पार्टी में कहावत बन गई थी। उनका शरीर

*विजय सिन्हा और राजगुरु मुकदमा शुरू हो जाने के बाद पकड़े गए थे। भगवानदास माहौर और सदाशिव (जो अब कम्युनिस्ट पार्टी के सदस्य हैं) भुसावल में गिरफ्तार किए गए थे। कुछ अन्य साथियों पर बिहार डकैती के मामले में अलग मुकदमा चलाया गया।

जर्जर हो चुका था। स्ट्रेचर के ऊपर रखकर वे अदातल में लाए गए। महीनों तक उन्हें और दत्त को पुलिस ने घोर यातनाएँ दी थीं और उस समय वे सभी राजनीतिक बंदियों के साथ मानुषिक व्यवहार की माँग करने के लिए भूख हड़ताल कर रहे थे। उनकी हालत देखकर हम लोगों की आँखें भर आईं।

भगतसिंह और दत्त को आजन्म कारावास की सजा हो चुकी थी, पर अब इस नए मुक़दमे में जो 1929 का लाहौर षड्यंत्र केस कहलाया, वे फिर घसीटे गए।

तीन दिन तक हमने अदालत की कार्यवाही में दिलचस्पी नहीं ली। हम लोगों ने तीन दिन तक मुक़दमे के प्रति अपना रुख तय करने के लिए मीटिंगें कीं।

भगतसिंह बहुत कमज़ोर थे इसलिए वे आराम से कुर्सी पर पड़े रहते थे फिर भी उन्होंने उस बहस में खास हिस्सा लिया।

पहली बात जिस पर उन्होंने जोर दिया वह यह थी कि हम लोग अपने दिमाग़ से यह बात निकाल दें कि अब कुछ नहीं हो सकता है। मुक़दमे के ज़रिए भी अपना आंदोलन आगे बढ़ाया जा सकता है। कोशिश यह जरूर की जाए कि जितने लोग बच सकें उनको बचाया जाए, पर सफाई इस तरह से पेश की जाए जिससे ब्रिटिश सरकार के न्याय का पर्दाफाश हो और जनता समझे कि क्रांतिकारियों का लक्ष्य क्या था। अदालत में सिर्फ़ बयान ही न दिया जाए बल्कि जेल में और अदालत के कमरे में हम लोग ऐसे प्रदर्शन करें जिससे लोग समझें कि सरकार कितनी नाचीज़ है और पुलिस और अदालत उसके स्वांग हैं। इस प्रकार हम लोग हवालात में रहकर भी जनता में यह जाग्रति पैदा

कर सकते हैं जो बाहर अपने कामों के जरिए हम लोग करना चाहते थे।

इन बातों से हम लोगों की हिम्मत फिर बँधी और हम लोगों ने भगतसिंह के प्रस्ताव के अनुसार काम करना तय किया। पहला काम सबने यह किया कि हम भगतसिंह और दत्त द्वारा प्रारंभ की गई भूख हड़ताल में शामिल हो गए। हमारी प्रमुख माँग थी कि सब राजनीतिक बंदियों को एक ही क्लास में रखा जाए, सबको अच्छा खाना मिले, अखबार तथा अन्य पढ़ने की सामग्री और लिखने की सुविधा दी जाए।

भूख हड़ताल

यह भूख हड़ताल 63 दिनों तक चली, और जतींद्रनाथ दास को शहीद बनाकर ख़त्म हुई। देश का कोना-कोना हिल गया।

प्रारंभ में जेल अधिकारियों ने सोचा हड़ताल चलेगी नहीं। दो बंदियों ने कुछ दिनों बाद हड़ताल तोड़ दी तो उनका ख्याल और भी पक्का हो गया। खुद हम लोग मन में डर रहे थे कि हम लोगों से चल सकेगी या नहीं। मैं सोचा करता था कि ज्यादा दिनों तक भूख की मार शायद न सह सकूँगा। इसके पहले हम लोगों ने बड़ी-बड़ी कठिनाइयाँ झेली थी; पुलिस के साथ भिड़न्त होने से हम नहीं डरते थे। पर बहुत दिनों, हफ्तों और महीनों तक भूखे रहने की कल्पना से भयभीत हो जाते थे।

दस दिनों तक कोई खास बात नहीं हुई। भूख बढ़ती जाती

थी और साथ-साथ शारीरिक कमजोरी भी बढ़ती जाती थी। कुछ लोगों को एक सप्ताह बाद चारपाई पकड़ लेनी पड़ी। मुक़दमा चल रहा था; और अदालत के कमरे में बैठने में बड़ी तकलीफ होती थी। पर, शुरू में जो डर मालूम हुआ था, अब वह मिट चुका था। भूख हड़ताल करना अब कोई कठिन कार्य नहीं मालूम होता था।

लेकिन असली लड़ाई तो आगे आने वाली थी। दस दिनों के बाद हम लोगों को जबरदस्ती खाना खिलाना शुरू किया गया। उस समय हम सब लोग अलग कोठरियों में बंद थे। कुछ तगड़े नंबरदारों के साथ डाक्टर प्रत्येक कोठरी में जाता था, और फिर भूख-हड़ताली को चटाई पर पटककर, एक रबर की नली जबरदस्ती नाक में डाल दी जाती थी। इस नली के द्वारा जबरदस्ती दूध अंदर डाला जाता था।

हम लोगों ने लाख हाथ पैर पटके पर बेकार। हम लोगों के गले में नीचे दूध उतारना जारी रहा। हम लोगों ने समझा कि हमारी हार हो गई।

तेरहवें रोज़ रात को मुझे खबर मिली कि जतीनदास की हालत खराब है, और उन्हें अस्पताल ले जाया गया है। कुछ ही घंटे पहले जतीनदास भले चंगे थे, फिर यकायक उनको हो क्या गया ? बाद में उस व्यक्ति ने जो समाचार लाया था—वह जेल का एक अधिकारी था—डरते हुए मुझे बताया कि ज़बरदस्ती दूध पिलाते समय कोई 'गड़बड़ी' हो गई है, और दास बेहोश पड़े हैं।

इस खबर से हम लोगों में मातम छा गया। हम लोगों में से बहुत से लोगों की और स्वयं मेरी भी गिरफ्तारी से पहले कभी

जतीनदास से भेंट नहीं हुई थी। पर, जेल में थोड़े ही दिनों में, सब लोग उन्हें चाहने लगे थे। उनका स्वभाव सरल था, पर वे एक नंबर के मज़ाकिया थे और तरह-तरह के चुटकुले और कहानियाँ सुनाकर हम लोगों को हँसाया करते थे।

मैंने जेलर को बुलाया और लड़-झगड़कर जेल अस्पताल में पहुँच गया।

दास चारपाई पर बेहोश पड़े थे; डाक्टर चारों ओर खड़े थे। रात कटने की कोई उम्मीद न थी। पर हालत सँभल गई, लेकिन निमोनिया ने उनको बेतरह कमजोर कर दिया। दवा या पथ्य खाने से दास ने इनकार कर दिया। कमजोरी इतनी थी कि जबरदस्ती कुछ खिलाना असंभव था।

इसके बाद से भूख-हड़ताल दूने जोश से चलने लगी। दास के बाद शिव वर्मा बीमार पड़े और उसके बाद औरों की बारी आई। शीघ्र ही सारा अस्पताल भर गया। अदालत की कार्यवाही स्थगित कर दी गई।

इसके बाद, कौन पहले मरेगा, इसकी हम लोगों में होड़ शुरू हो गई।

हम लोग डाक्टरों को छकाने के लिए तरह-तरह के उपाय निकालने लगे। किशोरी ने लाल मिर्च खाकर गरम पानी पी लिया, जिससे उनके गले में घाव हो गया। अब जबरदस्ती गले में नली नहीं डाली जा सकती थी क्योंकि नली डालते ही बड़े ज़ोर से खाँसी शुरू हो जाती थी और फिर नली को न निकालने पर दम घुट जाने का खतरा था। मैं जबरदस्ती दूध पिलाए जाने के बाद एकाध मक्खी निगल जाता था जिससे सारा खाना बाहर निकल

आता था। यह उपाय जब डाक्टरों को मालूम हो गया तो उन्होंने पहरा कड़ा कर दिया।

हमें हराने के लिए जेल के अधिकारियों ने घड़ों में पानी के स्थान पर दूध भर दिया। यह सबसे बड़ा जुल्म था। एक दिन के बाद प्यास बरदाश्त से बाहर होने लगी। हम लोग तरसते हुए घड़े के पास जाते थे, पर दूध देखकर लौट पड़ते थे। मालूम होने लगा कि हम लोग पागल हो जाएँगे। जिस आदमी ने इस उपाय का आविष्कार किया था, यदि वह आदमी उस समय मेरे सामने आ जाता तो मैं उसका गला घोंट देता।

बाहर संत्री बैठा-बैठा हमारी हर एक गतिविधि को देख रहा था।

मुझको अब प्यास बरदाश्त नहीं हो रही थी। मेरा तालू सूख रहा था और जीभ ऐंठी जा रही थी। मैंने संत्री को बुलाया और थोड़ा पानी माँगा। संत्री बोला, "पानी देने का हुक्म नहीं है।"

मैं पागल हो गया और घड़े को उठाकर दरवाजे पर दे मारा। घड़ा चकनाचूर हो गया। दूध जमीन पर बहने लगा और संत्री का कपड़ा उससे तर हो गया। उसको लगा मेरा दिमाग खराब हो गया है और उसका चेहरा फक हो गया। और सचमुच मेरा हवाश गुम हो गया था।

ठीक यही घटना किशोरी तथा अन्य साथियों के साथ हुई। उन सबों ने इसी प्रकार घड़े को दरवाजे पर दे मारा !

आखिर जेलर ने हमारी बात मान ली। हमारी कोठरियों में पानी लाया गया। मैंने पानी पीया और खूब पीया। नतीजा हुआ कि मैं बीमार पड़ गया, और पानी की एक-एक बूँद कै के साथ

निकल गई।

इसी बीच में, दूसरी जेलों के राजनीतिक बंदियों ने सहानुभूति में भूख-हड़तालें शुरू कर दीं। देश में हमारी माँगों का समर्थन करने के लिए एक जबरदस्त आंदोलन उठ खड़ा हुआ। हर स्थान पर आम सभाएँ और प्रदर्शन होने लगे।

कुछ दिनों के बाद मेरठ-षड्यंत्र केस के राजबंदियों ने भी भूख-हड़ताल शुरू कर दी। समुद्र पार तक यह खबरें फैल गईं। इंगलैंड में भी हलचल पैदा हो गई। भारतीय जेलों की हालत पर सारे संसार का ध्यान गया।

भूख हड़ताल के बीच में कई बार भगतसिंह हम लोगों से सलाह करने के बहाने मिले, और सब हालत जानते-समझते रहे। उनकी हालत स्वयं खराब थी फिर भी वे दास और अन्य साथियों के पास बैठते और उन्हें प्रसन्न रखते थे। उनके आने से हम लोगों में नया उत्साह पैदा हो जाता था और उनके आगमन का हम लोग हमेशा उत्सुक होकर इंतज़ार किया करते थे।

शहीद जतींद्र की अंतिम घड़ियाँ

आखिरकार जब जतीनदास मौत के नजदीक पहुँच गए और शिव तथा अन्य साथियों की हालत नाजुक हो गई, तब सरकार झुकी। जेल के नियमों में संशोधन करने के लिए एक कमिटी नियुक्त की गई, जिसमें गैर-सरकारी बहुमत था। कमिटी के लोग हमसे जेल में मिले, और हमें विश्वास दिलाया कि हमारी ज्यादातर माँगें

पूरी कर दी जाएँगी। उसी आश्वासन पर हमने हड़ताल तोड़ दी।

पर जतीनदास का बचना असंभव था। न वे बात कर सकते थे न कुछ सुन सकते थे। जिस साथी की बदौलत हम लोगों को जीत हासिल हुई वही हमारे बीच से उठा जा रहा था।

हम सब लोग उसकी चारपाई को घेरे हुए थे। मौत की घड़ी क़रीब थी। मेरा गला रुँधा जाता था। आखिर जतीन चल बसे ! कठोर दिलवाले जेल अधिकारियों की आँखें भी छलछला गईं।

बाहर लाखों आदमी लाश लेने के लिए खड़े थे। लाश जब जेल के फाटक से बाहर निकाली गई तो लाहौर के सुपरिंटेंडेंट पुलिस हैमिल्टन हार्डिंग ने भी अपना टोप उतारकर उस वीर के सामने सिर झुकाया। वह वीर था जिसे ब्रिटिश साम्राज्य की शक्ति भी न झुका सकी।

जिन आश्वासनों पर हमने भूख-हड़ताल तोड़ी थी उनको सरकार ने पूरा नहीं किया। इसके कारण बाद में हमें दो-चार और भूख-हड़ताल करनी पड़ी। इसके बाद जब नए नियम बन गए तो उनका ऐसा अर्थ लगाया जाने लगा कि बहुत से राजनीतिक बंदियों की हालत पहले ही जैसी रही।

लेकिन देश की जनता का ध्यान जेलों की बुरी अवस्था की ओर खींचा जा चुका था, और सरकार के झूठे प्रचार का पर्दाफाश हो चुका था।

भूख-हड़ताल में एक घटना का हमारे ऊपर बड़ा असर हुआ। वह यह थी कि 1915-16 के लाहौर षड्यंत्र केस के वीर ग़दर पार्टी के संस्थापक बाबा सोहनसिंह भखना ने भी, जो उस

समय लाहौर सेंट्रल जेल में थे, भूख-हड़ताल शुरू कर दी। अंडमान और अन्य जेलों में वे 14 वर्ष काट चुके थे, और अब उनकी रिहाई का समय आ गया था। हमें सुपरिंटेंडेंट ने बतलाया कि, यदि उन्होंने भूख-हड़ताल जारी रखी, तो उन्हें जो छूट मिलने वाली है, वह नहीं मिलेगी। इसके अलावा बाबाजी बहुत बूढ़े थे और उनका स्वास्थ्य भी अच्छा नहीं था। चौदह साल जेल में रहने से उनका शरीर टूट गया था। और भूख-हड़ताल करने से उनके जान का खतरा था।

भगतसिंह बाबाजी से मिले और भूख-हड़ताल तोड़ देने के लिए उनसे बहुत आग्रह किया पर सब व्यर्थ हुआ। अपनी और बाबाजी की बातचीत को हम लोगों को बताते हुए भगतसिंह की आँखों में आँसू आ गए थे। जब तक हमारी भूख-हड़ताल जारी रही, तब तक बाबाजी ने अपनी भूख-हड़ताल जारी रखी। बाबाजी को जो छूट मिलने वाली थी, वह कम कर दी गई। इसका नतीजा यह हुआ कि उन्हें एक साल और जेल में रहना पड़ा।

व्यक्तित्व और आदर्श

आतंकवादी दादाओं का अवगुण भगतसिंह में एक भी न था। हम लोगों में कई बार मतभेद पैदा हुए, कई मीटिंगें बड़ी तूफानी रहीं और कई बार भगतसिंह को ऐसे फैसलों पर अमल करना पड़ा, जिनसे कि वह सहमत न थे। उनके स्फूर्तिशील एवं संकल्पी व्यक्तित्व में चंद्रशेखर आज़ाद की तरह की शांति और धैर्यशीलता

न थी; इसीलिए कभी किसी साथी को कर्तव्य विचलित होते देखकर वे उस पर उबल पड़ते, डाँट-फटकार देते थे।

अगर उनकी बात किसी को बुरी लगती तो नरमी और साफ-दिली से वह फौरन माँफी माँग लेते थे जिससे शिकायत की गुंज़ाइश ही नहीं रहती थी। उनका स्वभाव बड़ा प्रेमपूर्ण था। बीमार साथियों की वे बड़ी फिक्र करते थे। बनावटीपन छू तक नहीं गया था। बात साफ कहते थे। इसीलिए उनसे जो आदमी एक बार मिल लेता था वह उन्हें प्राणों से भी अधिक प्यार करने लगता था।

पढ़ने का उन्हें बड़ा चाव था। जेल में ज्यादातर समाजवादी साहित्य पढ़ा करते थे। शायद हम सबमें, सबसे पहले वे ही समाजवादी विचारों की ओर खिंचे थे। पुराने आतंकवादियों की तरह वे धर्मपरायण न थे, बल्कि कट्टर अनीश्वरवादी थे। यह कहना कि वे मार्क्सवादी हो गए, शायद अत्युक्ति होगी। लेकिन समाजवादी साहित्य को पढ़ने से; हम लोगों की आपसी बहसों से और देश की दूसरी घटनाओं से (उन्हीं दिनों शोलापुर में विद्रोह हुआ था और पेशावर में चंद्रसिंह गढ़वाली के नेतृत्व में गढ़वाली सिपाहियों ने निहत्थी जनता पर गोली चलाने से इनकार कर दिया था)। वह अधिकाधिक इस बात पर जोर देने लगे थे कि सशस्त्र विप्लवियों को जन-आंदोलन का एक अंग बनकर कार्य करना चाहिए।

सोवियन यूनियन के प्रति हमारे हृदय में जो प्रेम था, वह अध्ययन से और भी अधिक गहरा हो गया। 1930 में नवंबर क्रांति की वर्षगाँठ के अवसर पर हम लोगों ने सोवियत संघ को

एक संदेश भेजा।

अपनी कार्यवाही के द्वारा अपने विचारों का अधिक से अधिक प्रचार करने की जो नीति हमने शुरू में अपनाई थी, उस पर हमने मुकदमें भर अमल करने की कोशिश की। हमारी नीति की सफलता को, तथा हमारे मुकदमें में भारी प्रचार को देखकर सरकार के क्रोध का ठिकाना न था। हमारी रीढ़ तोड़ने के लिए उन्होंने हर मौका ढूँढ़ा। हम भी उनके अपमानजनक हुक्मों को न मानने, और उनकी अदालत और उनकी पुलिस के सामने न झुकने का प्रण कर चुके थे। पुलिस से भिड़ंत भी हुई, और लंबे-लंबे काल के लिए मुकदमें की कार्यवाही स्थगित रही।

इनसे सरकार का और अधिक पर्दाफाश होता था, हमारा प्रचार और अधिक होता था, तथा हमारे लिए जनता की सहानुभूति और अधिक बढ़ती थी।

नौ महीने का मुकदमा चलने के बाद, जब कि बहुत थोड़े से सरकारी गवाहों की ही गवाही हो पाई थी, कार्यवाही यकायक स्थगित कर दी गई, और यह बहाना करके कि शांति और सुरक्षा के भंग होने का खतरा पैदा हो गया है, वायसराय ने हमारे मुकदमें के लिए एक विशेष ऑर्डिनेंस बनाया, जिसका नाम था, **'लाहौर षडयंत्र केस ऑर्डिनेंस' 1930**। ऐसा ऑर्डिनेंस भी कभी न सुना गया होगा। इसके अनुसार हमारा मुकदमा एक विशेष न्यायालय के सामने होता था, जो आवश्यकता समझने पर हमारी उपस्थिति को भी वर्जित कर सकता था। वकील, गवाह, और अभियुक्त किसी की भी वहाँ आवश्यकता न थी। यह न्यायालय मौत की सजा तक, कोई भी सजा दे सकता था। और इसकी विशेष बात

यह थी कि इसके निर्णय के बाद कहीं कोई अपील नहीं हो सकती थी। किसी भी सभ्य कहलाने वाली सरकार ने इस प्रकार के नियम न बनाए होंगे !

सरकार चाहती थी कि अपने मुकदमे को हम किसी भी प्रकार से अपने क्रांतिकारी विचारों के प्रचार का साधन न बना सकें। इसके अलावा एक दूसरी चीज़ ने भी उन्हें परेशाली में डाल दिया था। वह यह थी कि असिस्टेंट सुपरिंटेंडेंट सॉन्डर्स की हत्या के समय जो पुलिस अधिकारी मि. फार्न मौजूद थे, वह भगतसिंह को पहचान नहीं सके थे। मुकदमे ने जनता में जो उत्साह उत्पन्न कर दिया था, उसकी वजह से उनके कुछ महत्त्वपूर्ण गवाह विमुख हो गए थे, कुछ और गवाह बदलने वाले थे और मुखबिरों से भी दो व्यक्ति अपने बयानों को बदल चुके थे।

अगर हमको साधारण कानूनी सुविधाएँ दी गई होतीं, और साधारण कानूनी ढंग से मुक़दमा चलाया गया होता, तो पूरे मुक़दमे के निष्फल हो जाने का पूरा खतरा था।

विशेष न्यायालय में एक पखवारे ही मुकदमा चला होगा कि जिस लड़ाई की हम उम्मीद करते थे वह लड़ाई आ गई। न्यायालय के मुखिया ने हुक्म दिया कि कोर्ट में दाखिल होने के समय नारे लगाने के कारण हम सबको हथकड़ियाँ पहनाई जाएँ। जब हमने यह बताया कि इस बात पर न तो मैजिस्ट्रेट की अदालत में और न हाईकोर्ट में ही कभी कोई आपत्ति उठाई गई, तब पुलिस को बल प्रयोग करने की आज्ञा दी गई।

तभी से बहुत से वकीलों और दर्शकों की उपस्थिति में दर्जनों पुलिस वाले लाठी और डंडे लेकर हम पर टूट पड़े। वे

शायद इस आज्ञा की बाट जोह रहे थे। हमने घूँसों से उनका मुकाबला किया, पर विपक्ष भारी था। हमारे सिरों पर, सीनों पर, भुजाओं पर और करीब-करीब सभी जगह प्रहारों की वर्षा की गई। जमीन पर पटक कर हमें लातें मारी गईं, और डंडों से पीटा गया। अदालत से हम लोगों को बलपूर्वक हटाया गया। चोटें आईं, खून से हम लथपथ हो गए। चोटें इतनी गंभीर थीं कि हममें से कुछ साथी तो कुछ दिन तक हिल-डुल भी न सके।

हमने माँग की कि इस हुक्म को वापस लिया जाए, और भविष्य में ऐसा फिर न किया जाए। यह माँग पूरी होने वाली न थी। उस न्यायालय के एकमात्र भारतीय सदस्य जस्टिस आगा हैदर तो इस दृश्य से इतने अधिक विचलित हुए कि उन्होंने एक वक्तव्य प्रकाशित कराया और बताया कि हथकड़ियों और बल के प्रयोग का हुक्म देने में उनका हाथ बिलकुल न था ! कुछ दिनों बाद ट्रिब्यूनल के उस विशेष न्यायालय का 'पुनर्निर्माण' हुआ। इस 'पुनर्निर्मित' न्यायालय में उनका नाम नदारद था।

और इस प्रकार 'मुक़दमा' आगे चला, बिना अभियुक्तों के, बिना विपक्षी वकीलों के, बिना गवाहों के; और एक ऐसी अदालत के सामने जिसकी न्याय-बुद्धि उसे ग़ैरकानूनी मारपीट करने की आज्ञा देने में असमर्थ थी, और शायद जो सज़ा देने के मागले की कोई स्वतंत्र राय देता। ऐसे न्यायालय से कैसा निर्णय होगा, यह तो पहले ही समझ में आ गया था।

पाँच महीने के स्वांग के बाद, अक्टूबर 1930 को फ़ैसला सुनाया गया। भगतसिंह, राजगुरु और सुखदेव को फाँसी, सात साथियों को कारावास तथा बाकी को लंबी-लंबी कैद की सजाएँ

सुनाई गईं। मैं उनमें से था, जिन्हें रिहा कर दिया गया था, क्योंकि मेरे खिलाफ़ सिर्फ दो मुखबिरों के ही सबूत थे; तीसरा मुखबिर अपने बयान से बदल गया था।

जेल से बाहर निकलकर सड़क पर अकेले खड़े-खड़े मैंने ऐसा अनुभव किया, जैसे कि मैं अपने साथियों के बीच से भाग आया हूँ।

देश के लिए भगतसिंह शब्द का क्या अर्थ था, यह मुझे बाहर मालूम हुआ। जहाँ कहीं भी कोई मीटिंग हुई, वहाँ 'भगतसिंह जिंदाबाद' के नारों से आसमान गूँज उठा। 'वंदे मातरम्' के नारे के स्थान पर 'इंकलाब जिंदाबाद' का वह नारा राष्ट्रीय आंदोलन का नारा बन गया, जिसको कि सबसे पहले भगतसिंह ने उठाया था। करोड़ों ज़बानों पर उनका नाम था, और हर जवान के हृदय मे उनकी तस्वीर थी। उनके साथ अपने दीर्घकालीन संबंधों को स्मरण करने पर मेरा सीना फूल उठता था।

भगतसिंह और उनके साथियों को छुड़ाने की उम्मीद अभी भी बाकी थी। सभी को यह आशा थी कि कांग्रेस और सरकार के बीच होने वाले समझौते में लाहौर केस के बंदियों को रिहा कराने, या कम से कम उनकी फाँसी की सजा को मंसूख कराने की शर्त अवश्य होगी। पर, यह आशा व्यर्थ निकली। हम लोग हिंसा के दोषी थे, अतएव कांग्रेसी नेता हमारी रिहाई को 'चाहते हुए भी' गाँधी-इर्विन समझौते में उसे एक शर्त नहीं बना सकते थे।

अप्रैल 1931 में कांग्रेस के कराची अधिवेशन के थोड़े पहले

उन लोगों को फाँसी दे दी गई। भगतसिंह की अवस्था उस समय मुश्किल से 24 वर्ष की रही होगी।

उस समय मैं कराची जा रहा था। समाचार सुनकर लोग बच्चों की तरह रोए। भगतसिंह आदि को फाँसी की कल्पना से ही मैं स्तंभित रह गया।

भगतसिंह धूमकेतु की तरह राजनीतिक आकाश में चमके। और जाते-जाते करोड़ों आँखों का तारा बन गए। मौत के सामने भी निर्भीक, साम्राज्यवादी शासन को चकनाचूर करने के लिए अटल, और उसके खंडहर पर स्वतंत्र जन-राज्य की स्थापना करने के लिए दृढ़ प्रतिज्ञ, भगतसिंह, नवीन भारत की आकांक्षाओं और भावनाओं के प्रतीक बन गए।

चंद्रशेखर आज़ाद

चौथी दशाब्दी में जो नवयुवक आतंकवादी आंदोलन में आए, उनके लिए चंद्रशेखर आज़ाद का नाम एक पौराणिक वीर गाथा के समान था।

1925 की काकोरी ट्रेन घटना में उन्होंने भाग लिया था, पर उसके बाद होनेवाली गिरफ्तारियों से वह बच निकले थे। अगर पकड़ जाते तो उन्हें फाँसी ही होती; पर वह एक दिन भी चैन से बैठनेवाले जीव न थे। और उसके बाद, वह दुगुनी शक्ति से भगतसिंह और सुखदेव के साथ पार्टी का पुनर्निर्माण करने में जुटे रहे।

बहुत बातों में वह भगतसिंह के बिलकुल विपरीत ठहरते थे। शांत और दत्तचित्त—आजाद लोहे के बने हुए थे; जब वे किसी सशस्त्र कार्य का नेतृत्व करते होते तो उनका संयम और धैर्य अप्रतिम था। न कभी वह घबराते थे, और न कभी विचलित होते थे। उनमें भगतसिंह की तरह उग्रता नहीं थी, और न उतना विशाल दृष्टिकोण और बौद्धिक धरातल ही। अध्ययन करने का अवसर कम मिला था, अतएव हमारे साथियों में जो नए विचार प्रवेश कर रहे थे, उनका वह देर से ग्रहण कर पाते थे। उन्होंने

उन विचारों को स्वीकार किया था, और अपनी पार्टी का नाम बदलकर हिंदुस्तान सोशलिस्ट रिपब्लिकन एसोसिएशन नाम रखने के प्रस्ताव का भी उन्होंने समर्थन किया था, पर मेरा ऐसा खयाल है कि उस समय वह इन सब बातों की तरफ कोई ख़ास ध्यान नहीं देते थे। मूलतः व्यावहारिक व्यक्ति होने के कारण, उनकी दृष्टि में तात्कालिक कार्यों का महत्व अधिक था। और इस अर्थ में, उनके समान साहसी, कार्य संगठन में योग्यतम, और दुर्भेद्य समझी जानेवाली परिस्थितियों में भी कार्य कर दिखानेवाला व्यक्ति कभी नहीं हुआ। सुडौल और सुदृढ़ आज़ाद के पुट्ठे फौलादी थे, शक्ति और स्फूर्ति असाधारण थी। सबसे बड़ी बात यह कि वह बहुत अच्छे निशानेबाज़ थे—पार्टी में सबसे अच्छे। इसलिए आश्चर्य क्या, यदि पंजाब, युक्तप्रांत, बिहार आदि जिन प्रांतों में वह काम करते थे, वहाँ के पुलिस अधिकारी उनके नाम से ही थर-थर काँपते हों। उन लोगों पर किसी अन्य व्यक्ति का—भगतसिंह तक का इतना अधिक आतंक न था।

इससे यह न समझ लिया जाए कि उनमें मानवीय गुण थे नहीं, वह खून के प्यासे दैत्य ही थे, जैसा कि आतंकित पुलिस उनका चित्र खींचती थी।

आज़ाद प्रसन्न और हँसमुख रहते थे, और चुटीले विनोद पसंद करते थे। इसीलिए उन्हें जाननेवाले लोग न केवल आदर की दृष्टि से देखते थे, बल्कि प्यार भी करते थे। कड़े अनुशासन के वह समर्थक थे और कार्य को पूरा न करने या ढीलढाल डालनेवालों को, वह कभी माफ नहीं करते थे। लेकिन अन्याय तो करते ही न थे। और सबसे बड़ी बात यह कि आजाद हर

व्यक्ति में इतना विश्वास जमा देते थे कि ऐसा अनुभव होने लगता था कि जिस काम को उन्होंने उठाया है वह सफल होकर ही रहेगा।

हमारी गिरफ्तारी के बाद, वह पुलिस को वैसे ही चकमा देकर भाग निकले जैसे कि एक बार पहले काकोरी की गिरफ्तारियों के समय किया था, और छिन्न-भिन्न पार्टी को फिर से संगठित करने लगे। दिसंबर 1929 में जो विस्फोट हुआ, जिससे वाइसराय मरते-मरते बचे, उससे पुलिस का यह ख्याल कि परिस्थिति अब भी 'गंभीर और खतरनाक' है, और अधिक पुष्ट हो गया। उन्होंने काफी जाल फैलाया, पर आज़ाद उनके हाथ से निकलकर, एक दुस्साहसपूर्ण योजना लेकर लाहौर पहुँचे—वह योजना यह थी कि जब हम लोगों को अदालत की तरफ ले जाया जाए उस समय पुलिस के हाथों से हमें छुड़ा लिया जाए। योजना सफल हो गई होती, यदि केंद्र में रखा हुआ एक बम वक्त से पहले ही न फूट गया होता। इस समय वह पकड़े जाते-जाते बच गए, और फिर पुलिस ने सुना कि वह दिल्ली में एक सशस्त्र दल का नेतृत्व कर रहे हैं।

इसके बाद पंजाब में बम विस्फोट का ताँता बँध गया, जिनसे कई पुलिस-अफ़सर मारे गए, और बहुत से घायल हुए। इसी समय दिल्ली तथा दूसरे लाहौर षड्यंत्र केस के संबंध में बहुत-सी गिरफ्तारियाँ हुई, इन गिरफ्तारियों में सैकड़ों आदमी पकड़े गए। ऐसी विफलताएँ बड़े-बड़े वीरों को भी पस्त कर देती हैं, पर एक आजाद थे कि न हारे। उनके पकड़ने के लिए हजारों रुपए के इनामों की घोषणा थी। पर एक बार फिर पुलिस को

चकमा देकर पार्टी को नवीन रूप में संगठित करने में लग गए।

जब सन् 30 के अंत में छूटने पर मैं उनसे मिला, तो मैंने उनको पहले जैसे ही निडर पाया। अनवरत क्रांतिकारी कार्यों से जो उनका बहुमूल्य समय बचता था, वह अध्ययन में ही बीतता था। उनके विचार पक चुके थे। अंग्रेजी उनकी कमजोर थी इसलिए वह दूसरों से पढ़वाकर चीज़ें समझते थे। सोवियत यूनियन के प्रति उनके हृदय में प्रगाढ़ प्रेम पैदा हो गया था, और क्रांतिकारी शिक्षा के लिए कुछ साथियों को, वह वहाँ भेजना चाहते थे। विफलताएँ उनको झुकाने में विफल हो चुकी थीं, पर ऐसी अफ़वाह उठ रही थी कि सरकार और कांग्रेस में कोई समझौता होने जा रहा है; और इस प्रकार आज़ाद को और हम सब लोगों को यह नजर आने लगा कि जिस चीज़ की हमें आशा थी वह होने नहीं जा रही है। उनके और उनके साथियों के वीरतापूर्ण कामों और आत्मबलिदानों के बावजूद राष्ट्रीय आंदोलन क्रांतिकारी मार्ग नहीं ग्रहण किया। पेशावर, शोलापुर और चटगाँव की घटनाओं से हमारे दिलों में जो आशा उत्पन्न हो गई थी, वह पूरी नहीं हुई।

इन सब बातों पर आज़ाद ने काफ़ी गहराई से विचार किया। यह बात नहीं कि उनका विश्वास आतंकवाद पर से उठ गया हो, लेकिन इतना साफ हो गया था कि हमारे काम में कहीं कुछ गड़बड़ी अवश्य थी जिसकी वजह से उतना काम और बलिदान करने पर भी पूरे राष्ट्रीय आंदोलन को हम क्रांतिकारी दिशा नहीं दे सके थे। वह भगतसिंह के विचार जानने के लिए उत्सुक थे, और जानना चाहते थे कि जेल में हम लोगों ने क्या

सोच-विचार किया है, और हमारे खयालात क्या हैं।

आज़ाद का विचार था कि अधिक से अधिक साथी किसानों-मजदूरों का संगठन तथा अन्य जन-कार्य करने के लिए जाएँ और वह स्वयं तथा कुछ अन्य क्रांतिकारी भविष्य की क्रांति के लिए सशस्त्र क्रांतिकारियों को अस्त्र-शस्त्र की शिक्षा दें। जब आंदोलन के लिए आवश्यक हो तब यह दल सशस्त्र क्रांति करने के लिए तैयार रहे।

इस आधार पर आज़ाद पार्टी को फिर से संगठित करना चाहते थे, पर अपनी योजना को सफल बनाने तक वह जीवित न रहे। पुलिस को एक गद्दार ने सूचना दे दी, और इलाहाबाद के अलफ्रेड पार्क में पुलिस ने उन्हें घेर लिया। बड़ी देर तक गोलियाँ चलने के बाद, जिसमें दो पुलिस अफसर घायल हुए आजाद मारे गए। यह है एक ऐसे व्यक्ति के घटनापूर्ण जीवन का अंत, जो अपने अदम्य साहस, और दृढ़ संकल्प के कारण संपूर्ण उत्तरी भारत में एक ऐतिहासिक पुरुष बन गया।

जेलों के अंदर

लाहौर षड्यंत्र केस में भगतसिंह के साथियों को आजन्म कारावास की सजा हुई थी। उनमें एक साथी महावीर सिंह ने अंडमान की पहली भूख-हड़ताल में प्राण विसर्जन कर दिए। चार साथी—किशोरीलाल, जयदेव, शिव वर्मा और गयाप्रसाद अभी भी सींखचों के भीतर हैं।

ये लोग साढ़े सोलह वर्ष जेल में बिता चुके हैं। उनका जेल-जीवन भूख-हड़ताल और संघर्षों का इतिहास है। जेल में उन्होंने निरंतर अध्ययन किया है, जिसके कारण उनके अस्पष्ट समाजवादी विचार परिपक्व हो गए हैं। अब वे सब कम्युनिस्ट हो गए हैं। अंडमान को पिछली बड़ी भूख-हड़ताल में राष्ट्रीय नेताओं ने प्रण किया था कि उनको रिहा कराने के लिए कोई प्रयत्न बाकी न रखा जाएगा। आठ साल पहले का किया गया वह प्रण अभी भी पूरा होने को बाकी है।

इन जैसे व्यक्तियों पर हर देश गर्व अनुभव करेगा। बहुत छोटी उम्र में ही, जब कि असली जिंदगी शुरू भी नहीं होती है, इन लोगों ने जिंदगी के सुखों पर लात मार दी। विदेशी शासन

से वे बेजार थे, देशभक्त की आग उनके सीने में जल रही थी; देश की पस्त-हिम्मत हालत को वे बर्दाश्त नहीं कर सकते थे। इसीलिए उन्होंने क्रांतिकारी रास्ता अपनाया था। इस काम के लिए ऐसे ही क्रांतिकारियों की जरूरत थी जो हँसते-हँसते फाँसी के तख्ते पर झूल जाते।

इस प्रयास के लिए वे काफी सज़ा उठा चुके हैं। जेल जाते समय के जीवन की पहली सीढ़ी पर थे, और आज अंडमान और क़ब्रनुमा भारतीय जेलों में रहने के बाद समय से पहले ही बूढ़े हो गए हैं। उनमें से एक को तपेदिक हो गया है।

डाकुओं, हत्यारों और बुरे से बुरे कार्य करने पर सजा पानेवाले लोगों को आजन्म कारावास की सजा दी जाती है, तब भी 14 वर्ष के बाद उन्हें रिहा कर दिया जाता है। पर इन चार साथियों को, जिन पर किसी भी सशस्त्र कार्रवाई में भाग लेने का जुर्म पुलिस सिद्ध न कर सकी थी, और जिन्हें एक मुक़दमे का स्वांग रचकर, जहाँ कि वे उपस्थित तक नहीं थे, जेल में डाल दिया गया था, अब तक रिहा नहीं किया गया है। उनका सबसे बड़ा दोष यही है कि वे आज भी इतने ही निडर हैं, जितने कि पहले थे। और जब तक उनमें इतनी निडरता रहेगी, तब तक यदि सरकार का बस चलेगा, तो वे छोड़े नहीं जाएँगे, चाहे मर ही क्यों न जाएँ।

किशोरीलाल

किशोरीलाल से मैं पहली बार लाहौर षड्यंत्र केस में गिरफ्तार होने के बाद मिला था। 10 जुलाई 1929 का दिन था। जिन कैदियों पर मुकदमा चला रहा था उन्हें अदालत ले जाया जा रहा था। हमारे दिल भारी थे—यह सोचकर नहीं कि हमें भारी सजा मिलने की आशा थी, बल्कि यह ख्याल करके कि हमारी पार्टी छिन्न-भिन्न हो रही है। दरवाज़े पर मैंने नाटे और सुडौल किशोरी को देखा, जिनकी शक्ल पर नटखटपन का आभास था, और जो चेहरे को रोबीला बनाने के लिए अक्सर अपनी मूँछे ऐंठा करते थे। उस भीषण परिस्थितियों में उनकी वह मुस्कान अजीब मालूम होती थी, पर उसके बाद के डेढ़ साल में उनके मुँह पर हमेशा वही मुस्कान बनी रही।

अदालत में बैठे हुए किसी वकील, मजिस्ट्रेट या पुलिस अफसर की शक्ल-सूरत के बारे में कोई हँसी की चीज़ ढूँढ़ लेते, और फिर हम लोगों को सुना देते। हमारे कठघरे से हँसी के फव्वारे छूटते, जिससे अदालत की कार्यवाही में बाधा पड़ती थी। हमारे वकील हमारे इस 'अनुचित' व्यवहार से बुरा मानते थे। हम लोग खुद भी किशोरी को डाँट देते थे; तो उसके बाद वह

ऐसा उदास और लंबा मुँह लेकर बैठ जाते कि हमें फिर हँसी आ जाती थी।

वह खुद हम लोगों को भी नहीं छोड़ते थे। हममें से छोटे-बड़े सभी उनकी चुटकियों के शिकार होते थे, पर कभी किसी को कुछ खटका नहीं, सभी हँसते रहते थे, और सबसे ज्यादा वह हँसता था जो उनका शिकार बनता था।

उस मुस्कान के पीछे एक फौलादी संकल्प और जैसा कि मैंने बाद में अनुभव किया, एक कोमल हृदय छिपा हुआ था। हमारी गुप्त बातें जानने के लिए, लाहौर फोर्ट में उनको बड़ी-बड़ी तकलीफें दी गईं, पर पुलिस भी समझ गई कि किसी जोड़ के आदमी से पाला पड़ा है—एक ऐसे आदमी से जिसके साथ कुछ भी करो, पर वह हँसता ही रहेगा।

जून 1930 की एक घटना सुनाने योग्य है। भद्र अवज्ञा आंदोलन चल रहा था। हमारी जेलें कांग्रेसजनों से भरी हुई थीं, जिनमें अधिकांशतः नवयुवक थे। हम लोगों को उनसे दूर अलग रखा गया था। क्योंकि जेल के अधिकारी यह नहीं चाहते थे कि किसी प्रकार से भी उनके और हमारे बीच में संपर्क स्थापित हो ! इतना हमें मालूम हो जाता था कि उन लोगों को मारा जाता है और अन्य दुर्व्यवहार किए जाते हैं। हम उन्हें कैसे मदद कर सकते हैं, इस पर हम लोग अक्सर विचार किया करते थे। लेकिन हम लोग मजबूर थे। हमारे वार्डर और चौकीदार इस तरह रखे गए थे, कि बहुत दिनों के बाद हमें उन घटनाओं के बारे में मालूम हुआ। कोई कार्रवाई करने के पहले यह आवश्यक था कि हम उनके बारे में ताज़े और सही-सही समाचार फिर मिलते।

किशोरी ने हार न मानी। युक्तियाँ निकालने और मित्रता करने में वह चतुर था ही। उसने एक ऐसे कांग्रेसजन के बारे में ख़बर प्राप्त कर ली, जिसको उसी दिन मारा-पीटा, और बेड़ियों में रखा गया था। हमने मीटिंग की। हम जानते थे कि सुपरिंटेंडेंट से बात करने से कुछ फल नहीं निकलेगा, क्योंकि वह तो यह स्वीकार नहीं करेगा कि ऐसी घटना हुई भी है। बात करने से अधिक कुछ करना चाहिए। लेकिन क्या—यह प्रश्न था।

किशोरी ने योजना सुझाई, कि दीवार फाँदकर हम लोग उस कोठरी के सामने पहुँच जाएँ जहाँ वह बंदी था; और वहाँ जोरों से नारे लगाएँ, जिन्हें सुनकर सुपरिंटेंडेंट को आना पड़े। फिर हम लोग प्रमाण सहित अपनी बात उसके सामने रखें और माँग करें कि यह ग़ैरकानूनी मार-पीट तुरंत बंद की जाए। योजना दुस्साहसपूर्ण और खतरे से खाली न थी, फिर भी उस पर अमल करने की इच्छा हुई।

जो हमने सोचा था, वही हुआ। हमारी कार्रवाई से वार्डर और चौकीदार लोग चकित रहे गए—वे उसके लिए तैयार न थे, अतएव वे हम लोगों को रोकने में समर्थ न हुए, और हम लोग शीघ्र ही उस कांग्रेसजन की कोठरी के पास पहुँच गए।

खतरे की घंटियाँ बजने लगी थीं। चारों तरफ शोर हो गया था कि "बम केस के राजबंदियों ने विद्रोह कर दिया है।" बहुत से वार्डरों के साथ जेलर फौरन घटना स्थल पर आ गया। डंडों की वर्षा शुरू हुई। हमने प्रतिरोध किया, पर वे संख्या में बहुत थे और हथियारों से लैस थे। लड़ाई बुरी हुई। अन्य साथियों के साथ किशोरी को भी काफी चोट आई। बाद में इस भय से कहीं

अन्य राजनीतिक बंदी विद्रोह न कर बैठें, जेलर ने लड़ाई खत्म कर दी।

एक घंटे के बाद, सुपरिंटेंडेंट हम लोगों से मिला और वादा कर गया कि वह मामले की जाँच करेगा और इस मारपीट के खिलाफ हुक्म निकालेगा। वादा अधिक दिन न चला, पर फ़िलहाल परिस्थिति कुछ अच्छी हो गई।

किशोरी को आजन्म कारावास की सजा मिली और आज दिन तक उसमें वही आशावाद, वही हँसमुख प्रकृति मौजूद है, जिसकी वजह से अपने परिचितों में वह सबसे अधिक लोकप्रिय हो गया था। जेल का अध्ययन उसे कम्युनिज़्म की ओर खींच ले गया है और यही कारण है कि पंजाब सरकार उससे सबसे अधिक घृणा करती है। नौकरशाही और मुनाफ़ाखोर जमींदारों की जूतियाँ चाटनेवाली वह सरकार, जिसका 'सिपाही प्रधानमंत्री' है, जानती है कि कम्युनिज्म जिसके झंडे के नीचे पंजाब के जबरदस्त किसान बढ़ती हुई संख्या में जमा हो रहे हैं, उसका सबसे बड़ा दुश्मन है। वे लोग किशोरी को उस वक्त तक रिहा न करेंगे, जब तक कि मजबूर न हो जाएँगे।

शिव वर्मा

लाहौर षड्यंत्र के अभियुक्तों मे सबसे अधिक मेहनती और गंभीर शिव वर्मा थे। राजनीतिक समस्याओं और बाहर होनेवाली क्रांतिकारी घटनाओं का वह बहुत ध्यान से अध्ययन करते थे। हम जानते थे और हम सबसे अच्छी तरह वह भी जानते थे–कि कम से कम सजा जिसकी उम्मीद उनके लिए की जा सकती थी, वह थी आजन्म कारावास की। इससे भी अधिक सजा उन्हें दी जा सकती थी, क्योंकि हमारी युक्त प्रांतीय पार्टी के प्रधान संगठनकर्ता और केंद्रीय कमिटी के सदस्य थे। मुकदमें के शुरू में ही एक तरह से हमको जता दिया गया था कि सरकारी पक्ष केंद्रीय कमिटी के सदस्यों के लिए फाँसी की सजा की माँग करेगा। इसलिए शिव का इस प्रकार अध्ययन में लगा रहना हमें अटपटा सा लगता था, और इस बात का अक्सर हम लोग मज़ाक भी बनाया करते थे। अध्ययन के अलावा उन्हें शंतरज का भी बड़ा शौक था।

मुक़दमें के पहले भी मैं कई बार शिव से मिला था। पर उत्सुकता होने पर भी मैं उनके विषय में अधिक न जान सका था–क्योंकि किसी के विषय में अधिक जानने की कोशिश करना

हमारे यहाँ मना था। शिव के उसके दुबले-पतले और निर्बल शरीर, सफेद बाल, शांत स्वभाव और एक-एक शब्द को तोलकर धीरे-धीरे बात करने के ढंग को देखकर ऐसा लगता था कि वह हम लोगों के साथ कैसे आ गए। उन्हें देखकर यह विश्वास करना कठिन होता था कि 'बम और पिस्तौलोंवाली पार्टी' के सबसे अधिक सक्रिय सदस्यों में से एक हैं।

उनका जन्म हरदोई जिले के एक गाँव में सन् 1906 में हुआ था। और 15 वर्ष की अवस्था में ही राजनीतिक आंदोलन में वह खिंच आए थे। स्कूल छोड़कर वह असहयोग के बायकाट आंदोलन में कूद पड़े। आंदोलन ख़त्म होने के बाद फिर पढ़ना शुरू किया, लेकिन जन-सेवा का कार्य जारी रखा। सन् 1925 में वह कानपुर आए और शीघ्र ही गुप्त संगठन में सम्मिलित हो गए। उनके काम का ऐसा असर हुआ कि एक साल में ही उनका कालेज कानपुर में हमारे काम का जबरदस्त अड्डा बन गया।

सन् 1925 के काकोरी केस में आतंकवादी आंदोलन के पुराने नेताओं के गिरफ्तार हो जाने के बाद, आंदोलन को चलाते रखने का भार बाहर बचे-खुचे नवयुवकों, अधिकांशतः विद्यार्थियों के कंधों पर आ पड़ा। वे अनुभवहीन, आर्थिक, साधनों से वंचित थे; उसमें से अधिकांश ने रिवाल्वर कभी छुआ तक नहीं था।

जो कुछ सहानुभूति दिखलाने वाले और पुराने मित्र थे, काकोरी के बाद वे भी कतरा कर भागने लगे थे। ऐसी परिस्थितियों में भी इन नौजवानों ने पार्टी को पुनर्संगठित करने का प्रयत्न किया।

शिव वर्मा इन्हीं लोगों में से एक थे, जिन्होंने उस कार्य

को पूरा करने में सबसे अधिक भाग लिया था।.कार्य करने में शिव वर्मा अथक थे, उनमें उच्च कोटि की शक्ति थी। सन् 1925 के कठोर वज्रपात के बाद यदि युक्त प्रांत में हमारी पार्टी इतनी शीघ्र शक्तिशाली बन सकी थी, तो उसका कारण शिव का काम ही था।

काकोरी केस की गिरफ्तारियों के बाद भी हमारा विश्वास आतंकवाद से डिगा न था। बल्कि उसके बाद तो ऐसा मालूम होता था कि राष्ट्र में जीवन फूँकने के लिए अब यह और भी अधिक आवश्यक हो गया है कि घृणित सरकारी अफसरों के खिलाफ सशस्त्र कार्रवाई की जाए। साथ ही साथ, रूस में नवंबर क्रांति की सफलता समाजवादी की विजय और हिंदुस्तान के उठते हुए मज़दूर आंदोलन के प्रभाव से भी हम अछूते नहीं बच सके। हमारा ध्यान अधिकाधिक समाजवादी विचारों की ओर आकर्षित हुआ। समाजवाद पर हमें जो भी किताब मिलती उसे हम पढ़ते, और ब्रिटिश राज को मिटाने के बाद किस प्रकार की सरकार कायम की जाए, इस पर विवाद करते।

एक ओर सशस्त्र क्रांति के लिए बहुत ही अनुशासित और सर्वस्व बलिदान करनेवाले सशस्त्र दल की आवश्यकता पर हमारा विश्वास बना हुआ था, दूसरी ओर हमारा आकर्षण समाजवाद की तरफ था। इसीलिए हमने पार्टी का पुनर्संगठन हिंदुस्तान सोशलिस्ट रिपब्लिकन एसोसिएशन के नाम से किया। शिव वर्मा जिन पर नए विचारों का काफी गहरा प्रभाव था, इस परिवर्तन के समर्थकों में से थे।

उन्होंने कालेज छोड़ दिया, और क्रांतिकारी कार्य में जुट

गए। हिंदुस्तान सोशलिस्ट रिपब्लिकन एसोसिएशन की केंद्रीय कमिटी के सदस्य, तथा युक्त प्रांत के प्रमुख संगठनकर्ता की हैसियत से उन्होंने जिले-जिले का दौरा किया, और पुराने केंद्रों को मज़बूत बनाया, बहुत से नए केंद्र स्थापित किए।

मई 1929 में वे सहारनपुर में गिरफ्तार हुए। तभी से वह जेल में है।

राजनीतिक बंदियों की दशा सुधारने की माँग के संबंध में जो भूख हड़ताल 63 दिन चली थी, उसमें एक बार तो हमें ऐसा लगता था कि शिव वर्मा सबसे पहले बलि हो जाएँगे। पंद्रह दिन की हड़ताल के बाद उन्हें बुखार और बेहोशी की अवस्था में जेल के अस्पताल में ले जाया गया। उन्हें निमोनिया हो गया था, और हम सब समझते थे कि अब वह नहीं बचेंगे।

कई दिन तक वह चारपाई पर करवटें बदलते रहे; सीने में दर्द की वजह से वह एक क्षण भी न सो सके। डाक्टर ने एक खुराक दवा या कम से कम नींद आने की दवा पी लेने की अनुनय विनय की, पर शिव ने उसे किसी तरह स्वीकार न किया। धीमे स्वर में उन्होंने कहा, "हमने निर्णय किया था कि भूख-हड़ताल में किसी प्रकार की दवा न पीएँगे; मैं उस निर्णय पर अटल रहूँगा।" वह बच कैसे गए, यह हम सबके लिए हमेशा आश्चर्य की बात रही है।

आगामी लड़ाइयों और संघर्षों में भी उन्होंने उसी शांति और साहस का परिचय दिया। अदालत की एक मुठभेड़ में, एक बार पुलिस द्वारा वह इतने पीटे गए कि वहीं बेहोश होकर गिर पड़े। पर अपने निश्चय से उनको कोई डिगा न सका।

एक दूसरे क्षेत्र में भी उन्होंने अपने असाधारण गुण का परिचय दिया था। अदालती कार्यवाही की ओर से हम लोग तो बिलकुल उदासीन थे पर शिव उसको बड़े ध्यान से अध्ययन करते थे, और फिर सरकारी गवाहों से इस तरह जिरह करते थे कि उनकी गवाही की धज्जियाँ उड़ जाती थीं। मुखबिरों के साथ वह इतने तीक्ष्ण व्यंग्यात्मक ढंग से जिरह करते और उनके बयानों में इस प्रकार की उल्टी-सीधी बातें दिखाते कि गवाहों की मुसीबत हो जाती और दर्शक हँसी के मारे लोट-पोट हो जाते। शीघ्र ही अदालती कार्यवाही खत्म हो गई, और अक्टूबर 1930 में विशेष न्यायालय ने हमारी अनुपस्थिति में फैसला सुना दिया। शिव को आजन्म कारावास की सजा दी गई।

हमारी भूख-हड़ताल के समय सरकार ने जो आश्वासन दिए थे, बाद में वह उन सबसे मुकर गई। इससे अधिक काम करना मुश्किल था। लाहौर केस के सभी कैदियों को 'सी' क्लास में रखा गया, और उनके साथ बड़ी पाशविकत व्यवहार किया गया। अंडमान भेजे जाने के पहले राजमहेंद्री जेल में शिव और जयदेव को साढ़े पाँच महीने की भूख-हड़ताल करनी पड़ी और भी कई बड़ी लड़ाइयाँ लड़नी पड़ीं। अंडमान में उन्होंने नए सिरे से आंदोलन शुरू किया, जिसे वे उस समय तक निरंतर चलाते रहे, जब तक कि सन् 1937 की भूख-हड़ताल और उससे पैदा हुए विशाल जन-आंदोलन के परिणामस्वरूप उन्हें फिर हिन्दुस्तान नहीं ले आया गया।

शिव अंडमान में कम्युनिस्ट हुए, और तब से आज तक कभी वह उस पथ से विचलित नहीं हुए। 1942 में जब फासिस्ट

हमारे दरवाज़े पर खड़े थे, तब शिव, जयदेव और गयाप्रसाद ने देशवासियों से एक होने, राष्ट्रीय सरकार प्राप्त करने और आक्रमणकारियों को मार भगाने की जोरदार अपील की थी।

जिस धैर्य के साथ शिव वर्मा ने अपने क्रांतिकारी जीवन के प्रारंभिक दिनों में मुसीबतों और मुकदमों का मुकाबला किया था, उसी धैर्य के साथ जेल में वह अपना जीवन बिता रहे हैं। उन्हें विश्वास है कि एक दिन उनके देशवासी उन्हें रिहा करा लेंगे, और मातृभूमि की स्वतंत्रता के संग्राम में अपना कर्तव्य पूरा करने का उन्हें फिर अवसर मिलेगा।

जयदेव कपूर

जयदेव भी उसी जिले के निवासी हैं, जिसके शिव वर्मा हैं। अवस्था में शिव वर्मा से वह तीन साल छोटे हैं। पर बचपन से ही उनके दोस्त हैं। ज्यों-ज्यों दोनों की अवस्था बढ़ती गई त्यों-त्यों दोस्ती भी बढ़ती गई। एक के बिना दूसरा रह नहीं सकता।

बहुत बातों में दोनों में बड़ी भिन्नता भी है। लंबे, सुडौल, सुपुष्ट, स्फूर्तिवान, खेलों के शौकीन जयदेव और निर्बल, परिश्रमी और शांत और गंभीर शिव वर्मा से बहुत कम समानता दिखाई पड़ती है। लेकिन एक चीज थी, जो दोनों को एक दूसरे के नजदीक लाई। वह थी देश तथा गरीब देशवासियों के लिए दोनों के हृदय में अपार प्रेम, उसी से प्रेरित होकर दोनों असहयोग आंदोलन में कूद पड़े थे, और बाद में साथ-साथ अपने जिले में भी काम करते रहे।

1925 में जयदेव ने कानपुर के डी.ए.वी. कालेज में प्रवेश किया। और वहीं वह शीघ्र ही आतंकवादी पार्टी के एक सक्रिय सदस्य हो गए। हिंदुस्तान तथा हिंदुस्तान के बाहर घटनाओं के प्रभाव से उनके विचार भी, और लोगों की तरह, समाजवाद की ओर गए। लेकिन वे यहीं तक नहीं रहे। किसानों की हालत

का साक्षात् अनुभव करने के लिए उन्होंने लखनऊ और हरदोई जिलों के ग्रामीण क्षेत्रों के किसानों–विशेष रूप से 'पासी' जाति की अछूत जातियों में, जिन्हें 'जरायम पेशा' घोषित कर रखा है–में दौरा किया। गाँवों में उन्होंने जो देखा–किसानों की दीन दशा, सामाजिक हीनावस्था, कानून के संबंध में उनका अज्ञान–उन सबसे उनके विचारों को नई प्रेरणा मिली। वह इस परिणाम पर पहुँचे कि जो क्रांति सब प्रकार के शोषकों का अंत करके जनता के वास्तविक राज की स्थापना नहीं करती वह क्रांति, क्रांति कहलाने योग्य नहीं है।

कुछ दिनों तक वह बनारस हिंदू यूनिवर्सिटी में रहे, जहाँ उनका क्रांति का काम जारी रहा। बाद में उन्होंने यूनिवर्सिटी को भी छोड़ दिया, और पूरा समय काम करने लगे। मई 1929 में, सहारनपुर की बम फैक्टरी में, शिव वर्मा तथा गयाप्रसाद के साथ वह गिरफ्तार कर लिए गए।

मुक़दमें के दौरान हमने जितनी भी लड़ाइयाँ लड़ीं, उन सबमें जयदेव हमारे साथ थे। हर कार्रवाई के लिए चाहे वह भूख-हड़ताल हो, चाहे पुलिस से मुठभेड़; चाहे राजनीतिक बंदियों की सहानुभूति में प्रदर्शन, जयदेव का हाथ सबसे पहले उठता था। और एक बार यदि कोई निर्णय कर लिया गया, तो फिर किसी प्रकार के भी समझौते की बातचीत का वह विरोध करते थे।

एक बार मैजिस्ट्रेट की अदालत में सुनवाई हो रही थी। प्रेमदत्त ने, जो हम लोगों में हमसे छोटे थे, मुखबिर जयगोपाल को जूता फेंक कर मारा। जयगोपाल हमारी पार्टी और हमारे

काम का बड़े गंदे ढंग से मजाक बना रहा था। जयगोपाल को चोट नहीं लगी, पर पुलिस की सलाह से मैजिस्ट्रेट ने हुक्म निकाल दिया कि आगे से हमें हथकड़ियाँ पहनाकर रखा जाए।

अदालती कार्यवाही स्थगित हो गई। दूसरे दिन जब हम जेल के फाटक पर लाए गए तो हमें बताया कि हमारे हथकड़ियाँ लगाई जाएँगी।

हमने इनकार किया तो पुलिसवालों ने हम पर हमला कर दिया। जेल के हाते में खुलकर लड़ाई हुई और कमलनाथ, विजय सिन्हा और राजगुरु को गहरी चोटें आईं। एक घंटे की लड़ाई के बाद, पुलिस हममें से सिर्फ पाँच आदमियों को जेल की गाड़ी में ठेलने में सफल हो सकी।

दूसरे दिन हमारे पास यह कहला भेजा गया कि अगर हम हथकड़ियाँ पहनकर अदालत तक आ जाएँगे, तो वह आज्ञा रद्द कर दी जाएगी। हमारे साथियों में गरम बहस हुई कि अब क्या किया जाए। जयदेव, किशोरी और मैंने किसी भी प्रकार के समझौते का विरोध किया। लेकिन हम अल्पमत में थे। शिव और विजय ने वजनदार तर्क दिया और कहा "कल जेल के अंदर हो कुछ हुआ उसे जनता नहीं जानती। निहत्थे राजबंदियों पर लाठियाँ चलाई गईं। उसका समाचार बाहर नहीं पहुँचा। अगर मजिस्ट्रेट ने हथकड़ियाँ न उतरवाईं, तो हम फिर लड़ेंगे; पर इस बार हमारी लड़ाई अदालत में ही होगी। और तब जनता देखेगी कि कानून के नाम पर किस प्रकार की अमानुषिक कार्रवाइयाँ की जाती हैं; अंत में तर्क की विजय हुई। हथकड़ियाँ पहनते वक्त, सदा हँसते रहनेवाले किशोरी की आँखों में आँसू आ गए।

मजिस्ट्रेट ने जो आश्वासन दिया था, उसे पूरा नहीं किया। हमारी हथकड़ियाँ ज्यों की त्यों लगी रही। हमने देखा कि पुलिस अधिकारियों की आँखें विजय-गर्व से चमक रही हैं। उन्होंने समझा कि अब हमें हरा दिया गया है। लज्जित और आहत जयदेव सिर झुकाए हुए कटघरे में बैठे थे।

दोपहर में खाने के समय हम लोगों के एक-एक हाथ से हथकड़ी उतार ली गई। हमने निश्चय किया कि अब इस हाथ में हथकड़ी नहीं पहनेंगे।

इसके बाद जो घटना घटी, वैसी घटना किसी भी अदालत में शायद कभी न घटी होगी। हमारे एक हाथ में हथकड़ी पड़ी हुई थी, फिर भी 50 से अधिक कांस्टेबिल और इंस्पेक्टर हमारे ऊपर टूट पड़े और गिरते ही हमारे ऊपर डंडों और लातों की वर्षा शुरू हो गई। हमको अदालत के कमरे तक घसीटकर ले जाया गया। और कठघरे में सींखचों पर इस तरह फेंक दिया गया, जैसे कि हम कोई बेजान चीज हों। शिव का सिर फर्श पर इतनी जोर से लगा कि वह बेहोश हो गए। कुछ लोग खून से लथपथ थे। कुछ साथियों के सारे शरीर पर चोटें ही चोटें दिखाई देती थी।

जयदेव, चूँकि हम सबमें तगड़े थे, इसलिए उनकी सबसे अधिक खबर ली गई थी। जमीन पर पटककर खूब निर्दयतापूर्वक मारा गया था। कपड़े चिथड़े-चिथड़े हो गए। माथा सूज गया, फिर भी जयदेव संघर्ष करते रहे। और वैसी हालत में जोरदार भाषण देकर उन्होंने कहा कि जो मजिस्ट्रेट अपनी अदालत में ऐसे अत्याचार करने की इजाजत दे सकता है, उसे इस्तीफा दे

देना चाहिए। दर्शकों से उन्होंने अपील की, कि जो दृश्य उन्होंने देखा है, उसे वे कभी न भूलें।

दूसरे दिन हथकड़ियाँ पहनाने की आज्ञा रद्द कर दी गई।

जयदेव के खिलाफ सबूत कम थे, लेकिन सहारनपुर की 'बम फैक्टरी' में उनकी उपस्थिति को ही विशेष न्यायालय ने काफी समझा और उन्हें आजन्म कारावास की सजा दे दी गई।

तबसे आज तक का उनका जेल-जीवन लड़ाइयों की कथाओं से भरा हुआ है। राजमहेंद्री जेल में साढ़े पाँच महीने तक उन्होंने भूख-हड़ताल की जो पंडित मालवीय तथा अन्य नेताओं के हस्तक्षेप से बाद में तोड़ दी गई। एक बार जेलर से न दबने के कारण उन्हें 30 कोड़े भी लगवाए गए।

अंडमान में जितनी लड़ाइयाँ हुईं, उनमें उन्होंने सबसे आगे बढ़कर भाग लिया। कम्युनिस्ट-कंसोलिडेशन* के भी वह प्रमुख संगठनकर्ता थे। कुछ दिनों तक कंसोलिडेशन वे ही मंत्री और उसके मुखपत्र के संपादक भी थे।

हिंदी के जोरदार लेखक, प्रभावशाली वक्ता, और मार्क्सवाद के गंभीर विद्वान जयदेव हमारे स्वतंत्रता आंदोलन के योग्य और सेनानी वीर हैं।

सोलह साल से अधिक हो गए, वह अब भी जेल में हैं। भूख-हड़ताल, मार-पीट आदि की न जाने कितनी अग्नि-परीक्षाओं को वह पार कर चुके हैं। पर उनका मनोबल और उनका शरीर

---

* कम्युनिस्ट-कंसोलिडेशन के सदस्य वे राजबंदी थे, जो कम्युनिज़्म की ओर झुक आए थे, तथा जिन्होंने हिंदुस्तानी कम्युनिस्ट पार्टी के अनुसार चलने का निश्चय कर लिया था।

इस्पात की तरह मज़बूत है। सोलह वर्ष पहले की भावुकता चाहे उनमें अब न रही हो—अवस्था के साथ-साथ उनका अनुभव भी परिपक्व हुआ है—पर तेरह साल के बच्चे जयदेव ने जिस उम्र से असहयोग आंदोलन में भाग लिया था, वह अब भी उसी तरह उनमें मौजूद है।

डा. गयाप्रसाद

हिंदुस्तान सोशलिस्ट एसोसिएशन के अधिकांश सदस्य युवक विद्यार्थी थे। लेकिन गयाप्रसाद इसके अपवाद थे। वह विवाहित व्यक्ति थे; डाक्टरी खूब चलती थी। 1921-22 के असहयोग आंदोलन में वह कूद पड़े थे। उसके विफल हो जाने पर जब चारों तरफ पस्त-हिम्मती फैल गई तो उन्होंने खूब सोच-विचार किया। उनके अधिकांश साथी, फिर पुराने ढंग से काम करने लगे थे। लेकिन वे उसी लीक पर न चल सके। वह क्रांतिकारी आतंकवादी आंदोलन में सम्मिलित हो गए।

उन दिनों उनके बड़ी शानदार दाढ़ी थी, जिसकी वजह से उतनी कम अवस्था में वह बड़े बुजुर्ग और 'आदरणीय' लगते थे। कोई कल्पना भी न कर सकता था कि चश्मा लगाए हुए प्रौढ़ लगनेवाला यह व्यक्ति, जो बड़ी गंभीरता पूर्वक मरीज़ों को देखता है, बम और पिस्तौलों के द्वारा ब्रिटिश साम्राज्य का तख्ता उलटने की साजिश कर रहा है। डा. गयाप्रसाद की दाढ़ी और उनकी डाक्टरी व्यवसाय हमारे लिए बड़ी महत्वपूर्ण चीजें थीं—क्योंकि वे न केवल उनके काम में मदद देती थीं, बल्कि हमारी पार्टी के काम के लिए आड़ का भी काम देती थीं। जहाँ आवश्यक होता

था, हम एक दवाखाना कायम कर लेते थे। वही दवाखाना हमारी पार्टी के कार्य का केंद्र होता था।

पंजाब और संयुक्त प्रांत में काम करते-करते, अंत में वह शिव और जयदेव के साथ सहारनपुर में पकड़े गए। इसके बाद जब जेल में मुझसे भेंट हुई, तो देखा दाढ़ी गायब थी।

गयाप्रसाद कुछ मोटे अवश्य थे, पर तगड़े कभी भी न थे, इसीलिए लड़ाइयों में उनको बहुत चोट पहुँचती थी। लेकिन एक बार भी वे घबराए नहीं।

हमारे दल के उच्छृंखल युवकों के लिए तो वह पिता के समान थे। अव्यवस्थित रहन-सहन से उन्हें सख्त घृणा थी। हर तीसरे दिन वह अपनी चादर बदलते, कपड़े धोते और मेज साफ करके सब किताबें और अन्य चीजें करीने से लगा देते। इतना ही नहीं, वह हम सबको भी इसके लिए मजबूर करते, और कई बार तो हमारे काम को स्वयं ही करके हमें लज्जित करने की कोशिश करते। दल में सबसे अधिक उच्छृंखल मैं ही था, अतएव मेरे ऊपर उनकी खास नज़र रहती। कई बार तो उन्हें आता देखकर मैं बैठक से बाहर भाग जाता। और लौटने पर देखता कि मेरी चादर बदल दी गई है और अन्य सब चीजें भी व्यवस्थित ढंग से रख दी गई हैं।

नियमित और व्यवस्थित रूप में कार्य करने की प्रवृत्ति के कारण डाक्टर गयाप्रसाद हम लोगों में सर्वोत्तम मैजेनर थे। रसोई की देखभाल करना, क़ैदी रसोइयों से काम कराने और भाँति-भाँति का भोजन बनवाने का कष्ट-साध्य कार्य को–जिससे मैं दूर भागता था–वह बड़े सुचारु रूप में कर दिखाते थे। उन्हें अपना

भोजन पकाने, विशेष रूप से गोश्त बनाने की कला पर बड़ा अभिमान था और उनकी मैनेजरी में हमें मिलता भी भाँति-भाँति का भोजन था। उनका चेहरा उस समय प्रसन्नता और गर्व से खिल उठता था, जब हम कहते थे, ''डाक्टर साहब आज तो आपने कमाल कर दिया।''

जेल के डाक्टर जो बहुत बुरे नहीं थे, गयाप्रसाद को बहुत चाहते थे। जब हममें से कोई बीमार हो जाता था, तब गयाप्रसाद न केवल माँ की तरह उसकी देखभाल ही करते थे, वरन् छोटी-छोटी बीमारियों में भी वह जेल के डाक्टरों से सलाह लेते, और उस समय तक चैन न लेते जब तक कि मरीज को उचित दवाई न दे दी जाए। सबसे कठिन कार्य था यह देखना कि दवाई ठीक समय पर मिलती है या नहीं। मरीज चाहे दवा पीना भूल जाए, पर डाक्टर उसे कभी नहीं भूलते थे। वह हमारे लिए मैनेजर, रसोइया, डाक्टर, नर्स एक साथ सभी कुछ थे।

सरकारी पक्ष यह सिद्ध करने में विफल हुआ कि गयाप्रसाद एक भी सशस्त्र कार्य में उपस्थित थे। पर इसकी परवाह कौन करता है। वह एक ऐसी पार्टी के सक्रिय सदस्य थे, जिसने 'बादशाह के खिलाफ़ विद्रोह किया था।'' इसके अलावा उन्हें एक बम फैक्टरी में पकड़ा गया था। फैसला हुआ—आजन्म कारावास। दूसरे लोगों की तरह उन्हें भी 'सी' क्लास मिला।

तब से जेल-जीवन की सभी लड़ाइयों में वह भाग लेते रहे हैं; अंडमान की सन् 1937 की लंबी भूख-हड़ताल में भी वह आगे थे। आजकल वह सुल्तानपुर जेल में हैं। अंडमान में ही उन्होंने कम्युनिज़्म को अपनाया था, और तबसे, ज्यों-ज्यों समय बीतता

गया है उनका विश्वास और भी अधिक दृढ़ होता गया है।

सोलह सालों की मार ने उनके शरीर को जर्जर कर दिया है। एक साल से उन्हें तपेदिक है, और उनकी हालत गंभीर है। उनको रिहा कर देना तो साधारण मनुष्य का तक़ाजा है—पर पंजाब सरकार से और मनुष्यता से क्या संबंध ?

लेकिन पंजाब के टोड़ियों की कब तक चलेगी ? इस प्रश्न का उत्तर तो गयाप्रसाद को देशवासियों को देना है, जिनके लिए वह जीवित रहे हैं, जीवित रहेंगे, और आवश्यकता होने पर प्राण भी दे देंगे।

मैं कम्युनिस्ट कैसे हुआ

फ़रवरी 1930 में आज़ाद की मृत्यु से, हिंदुस्तान सोशलिस्ट रिपब्लिकन एसोसिएशन को ऐसा धक्का लगा कि फिर वह सँभल न सकी। हमारी पार्टी सरकारी दमन ही की वजह से ख़त्म नहीं हुई थी। मूल बात कुछ और थी। आज़ाद एक ऐसे व्यक्ति थे, जिन पर सब लोग विश्वास और श्रद्धा करते थे, इसलिए तमाम असफलताओं और अंदरूनी मतभेदों के बावजूद पार्टी का गठन टूटता नहीं था—एकता बनी ही रहती थी। उनकी मृत्यु के बाद, पस्तहिम्मती बढ़ गई। कैलाशपति जैसे प्रमुख आतंकवादियों की ग़द्दारी से, हमारे साथी पहले से क्षुब्ध थे। इस पर पता चला कि आज़ाद की मृत्यु का कारण भी आतंकवादी पार्टी के एक दूसरे नेता की ग़द्दारी थी। कोई नहीं जानता था कि आगे कौन ग़द्दारी करेगा; न जाने कौन आदमी पुलिस का जासूरा निकल आए। संदेह से कोई भी व्यक्ति बचा नहीं था। आपसी विश्वास का अंत हो चुका था। व्यक्तिगत हमले, परस्पर दोषारोपण वातावरण को और भी अधिक ज़हरीला बना दिया था। पुलिस के गुर्गे और भ्रष्ट लोगों के अंदर घुस आने से परिस्थिति और भी खराब हो गई थी। पैसे का दुरुपयोग करना, व्यक्तिगत स्वार्थ क लिए डाके

डालना, नैतिक अनाचार, यह सब बहुत अधिक बढ़ गया था।

हिंदुस्तान सोशलिस्ट रिपब्लिकन एसोसिएशन का अंत

इन सब बातों से ऊबकर, अधिकांश लोग राजनीतिक रूप में निष्क्रिय हो चले थे। आतंकवाद पर से अपने साथियों से और यहाँ तक कि स्वतंत्रता की लड़ाई तक से उनका विश्वास डिग गया था। उन्हें ऐसा लगता था कि इस देश में कुछ हो ही नहीं सकता—यहाँ सब ग़द्दार और कायर लोग ही रहते हैं। एक-एक करके वे लोग भी गिरफ्तार हो गए, जो अब तक किसी प्रकार बचे हुए थे। उन सबको लंबी सज़ाएँ हुईं; और बाक़ी लोग निराशा और उदासीनता के सागर मे गोते खाने लगे। जिस पार्टी को आज़ाद और भगतसिंह ने वर्षों की निस्वार्थ सेवा के बल पर खड़ा किया था, खून से सींचकर पाला-पोसा था, वह पार्टी भीतरी और बाहरी आघातों से छिन्न-भिन्न हो गई थी। इससे अधिक और क्या इस बात का प्रमाण हो सकता था कि जनता से विलग रहकर व्यक्तिगत आतंकवादी कार्रवाइयाँ करनेवाली मध्यवर्गीय क्रांतिकारियों की पार्टी कामयाब नहीं हो सकती। वे राष्ट्र को न केवल जगाने में ही विफल होती हैं, वरन् उनकी आंतरिक एकता और उनका मनोबल भी उनके नेताओं के व्यक्तित्व पर आश्रित होता है। हमारे जो स्वप्न थे, ज़िंदगी के अनुभव ने उनको चकनाचूर कर

दिया।

आतंकवाद में जो थोड़ा बहुत विश्वास बाक़ी था, वह भी धीरे-धीरे खत्म हो चला था। लेकिन रास्ता ही क्या था ?

गाँधी-इर्विन समझौते के बाद

प्रश्न के उत्तर में किसी सीधे-सादे जवाब की गुंज़ाइश नहीं थी। 1930 में एक बार ऐसा जान पड़ा था कि कांग्रेस ने विधानवादी मार्ग छोड़ दिया है, और देश उसके नेतृत्व में क्रांति की ओर बढ़ रहा है। गाँधी-इर्विन समझौते ने सारी आशाओं पर पानी फेर दिया। घोर आशावादी लोग भी उस समझौते को राष्ट्र की विजय नहीं समझ सके थे। उसके बाद ही भगतसिंह, सुखदेव और राजगुरू की फाँसी से पराजय की यह भावना और भी मज़बूत हो गई। चारों और पस्तहिम्मती और उदासी छाई हुई थी। कुछ ही महीने पहले की–शोलापुर, पेशावर और चटगाँव की–घटनाएँ किसी सुदूर अतीत की बातें लगने लगीं।

जिस कांग्रेसजन से भी मेरी भेंट हुई, उसी ने गाँधी-इर्विन समझौते की कड़ी आलोचना की। मुझे लगता था कि कांग्रेस इस समझौते को स्वीकार न करेगी। कराची कांग्रेस में भी मैं यही आशा लेकर पहुँचा था कि समझौता रद्द कर दिया जाएगा या और कुछ न होगा तो कम से कम अधिकांश प्रतिनिधि उसका डटकर विरोध अवश्य करेंगे। वहाँ सुभाष बोस से मिला तो उन्होंने बताया कि वह उनका विरोध करेंगे। वामपक्षीय कांग्रेसजनों की

एक सभा में उन्होंने कहा, "हमारे और ब्रिटिश सरकार के बीच खून से भरे हुए समुद्र और लाशों के बने हुए बड़े पहाड़ खड़े हुए हैं। गाँधीजी ने जिस समझौते पर हस्ताक्षर किए हैं, उसे हमसे कोई भी नहीं मनवा सकता।"

लेकिन आश्चर्य की बात थी कि जब वक्त आया तब वही सुभाष विषय-निर्धारेणी समिति के सामने एक वक्तव्य देकर चुप हो गए। वक्तव्य में उन्होंने समझौते की तो निंदा की पर यह भी स्पष्ट कर दिया कि वह उस प्रस्ताव के विरोध में वोट न देंगे। सरदेसाई* तथा कुछ अन्य लोगों के अलावा, न तो किसी ने कुछ विरोध ही किया और न उसके ख़िलाफ़ वोट दिया। समझौते का समर्थन करनेवाला प्रस्ताव कांग्रेस के द्वारा स्वीकृत हो गया। मेरी आँखें खुल गईं। मैं समझ गया कि यदि आतंकवाद आज़ादी का रास्ता नहीं है, तो कम से कम वामपक्षीय राष्ट्रीयता भी कोई हल नहीं उपस्थित कर सकती।

कराची की सरदेसाई से मेरी पहली भेंट हुई थी। उस मुलाकात और बातचीत के बाद आतंकवाद से मैंने सदैव के लिए विदा ले ली।

सरदेसाई पहले कम्युनिस्ट थे, जिनसे मेरा घनिष्ट परिचय हुआ। अब तक मैं बहुत से राजनीतिक कार्यकर्ताओं से मिला था, लेकिन आतंकवादी आंदोलन के बाहर मुझे एक भी ऐसा आदमी नहीं मिला, जिससे मिलकर मुझे यह लगता कि इस व्यक्ति ने अपना जीवन एक ही उद्देश्य, एक ही लक्ष्य के लिए अर्पण

* कम्युनिस्ट नेता और हिन्दुस्तान कम्युनिस्ट पार्टी की केन्द्रीय समिति के सदस्य।

कर दिया है; यही सच्चा क्रांतिकारी है। सरदेसाई की ओर मैं उनके विचारों की वजह से ही नहीं, उनके व्यक्तित्व की वजह से भी आकर्षित हुआ।

हिंदुस्तान सोशलिस्ट रिपब्लिकन असोसिएशन के बहुत से सदस्यों की तरह मैं भी वर्षों पहले समाजवाद को आखिरी ध्येय के रूप में स्वीकार कर चुका था, और लाहौर षड्यंत्र कांड में गिरफ्तार होने से पहले मैंने कानपुर के मजूदर आंदोलन में काम किया था। हड़तालों के समय मज़दूरों ने जिस वीरता का परिचय दिया था, उसे देखकर मैं चकित रह गया था; पर हरिहर नाथ और गोपीनाथ जैसे नेता मुझे प्रभावित नहीं कर सके थे। वे क्रांतिकारी हो सकते हैं, इसकी मैं कल्पना नहीं कर सकता था। इसीलिए जिन आंदोलन के वे नेता थे, वह आंदोलन मुझे क्रांतिकारी आंदोलन न लगकर कांग्रेस आंदोलन का ही एक हिस्सा मालूम हुआ था।

सरदेसाई में मुझे मन चाहा व्यक्ति मिला। कांग्रेस-अधिवेशन के कोलाहल में विस्तार पूर्वक बात करने का मौक़ा नहीं था। फिर भी जो बात हुई, उससे मैं बहुत अधिक प्रभावित हुआ।

जिस चीज़ को धीरे-धीरे मैं समझ रहा था, वही अब पक्की हो गई। थोड़े से आदमी न तो देश को जाग्रत ही कर सकते हैं, और न क्रांति ही। ऐसी क्रांति के लिए जो विदेशी सरकार के पैर उखाड़ दे, यह आवश्यक है कि हम जनता में जमकर काम करें, उसकी माँगों के आधार पर उसके क्रांतिकारी संगठन बनाएँ, और धीरे-धीरे छोटे-छोटे संघर्षों द्वारा जनता को शिक्षा देते हुए, सत्ता पर अधिकार करने के लिए, उसे अंतिम मोर्चे की ओर ले

जाएँ।

इस संघर्ष में मज़दूर वर्ग को ही प्रधान भाग लेना था, क्योंकि रेलवे, डाक और अन्य आवश्यक फैक्टरियों आदि महत्वपूर्ण स्थानों में वे ही काम करते हैं। मज़दूर आंदोलन के उस समय जो कर्णधार थे, उनसे ही मजदूर वर्ग की शक्ति की कल्पना करना भारी ग़लती होती। मज़दूर वर्ग क्या कर सकता है, यह उसने साइमन कमीशन के बायकाट और अपनी आर्थिक तथा राजनीतिक लड़ाइयों में दिखा दिया था। उस समय सबसे बड़ा कार्य यह था कि मज़दूर वर्ग को सुधारवादी प्रभाव से छुड़ाया जाए, उनमें क्रांतिकारी विचार भरे जाएँ, और आज़ादी के आंदोलन में उन्हें जो कर्तव्य पूरा करना है, उसके प्रति जागरूक बनाया जाए।

पार्टी में शामिल हुआ

कराची से लौटने के बाद मैंने कानपुर की मज़दूर सभा में काम शुरू किया, और जो भी किताब मिली, पढ़ी। कुछ महीने, मैं एम. एन. राय के संपर्क में भी रहा। उस समय, मैं रायवाद और साम्यवाद में कोई अंतर नहीं समझता था; राय को कम्युनिस्ट ही समझता था। लेकिन बाद में रायवाद का असली रूप मेरे सामने आ गया और मैंने उनसे संबंध विच्छेद कर लिया।

1931 में मैं फिर गिरफ्तार कर लिया गया, और अगले डेढ़ वर्ष के कारावास में मैंने और अधिक अध्ययन किया। कानपुर

में सरदेसाई भी गिरफ्तार कर लिए गए, और अनायास ही, उन्हें कुछ हफ्ते के लिए उसी बैरक में रख दिया गया जिसमें मैं था। उनसे बातचीत करने से मेरे विचार और भी स्पष्ट हो गए, और 1933 में जेल से छूटने के बाद मैं पक्का कम्युनिस्ट हो गया।

तब से 12 साल बीत गए हैं। इन बारह सालों में हमारे देश में, तथा बाहर संसार में बड़े-बड़े परिवर्तन हो गए हैं। 1933 में मैं जिस पार्टी का सदस्य बना था, आज वह इस वर्तमान स्थिति तक पहुँच गई है। देश के हर कोने में उसकी शाखाएँ हैं, किसानों और मज़दूरों में उसके पैर जमे हुए हैं, और राजनीतिक क्षेत्र में वह एक शक्ति बन गई है। दमन उसे मिटाने में विफल रहा, मिथ्या प्रचार उसकी प्रगति नहीं रोक सका। आज उसके अंदर मैं ऐसे नर और नारियों को पाता हूँ, जिनके दिलों में साम्राज्यवाद के विरुद्ध वही घृणा और अपने देशवासियों के लिए वही प्रेम उबल रहा है, जो भगतसिंह और उनके साथियों के दिलों में था। पार्टी के इन सदस्यों में से अधिकांश मामूली किसान और मजदूर वर्ग से आए है, उनमें निःस्वार्थ सेवा की ऐसी भावना है, कि उन्हें साथी कहने में किसी को भी गर्व का अनुभव होगा; उनके साथ काम करने में किसी भी देशभक्त को सम्मान मालूम होगा।

पुराने साथियों से मिलन

गत वर्षों में, मैं अक्सर यह सोचा करता था कि लाहौर केस के मेरे अन्य साथी अंडमान में क्या कर रहे हैं, उन्हें कैसी अग्नि

परीक्षाओं से गुजरना पड़ रहा है। उनके मस्तिष्क में कौन से विचार उठा करते हैं। समाचार पत्रों में समय-समय पर जो थोड़े से संवाद छपते थे, उनसे मुझे यह मालूम होता रहता था कि भगतसिंह और आज़ाद की परंपरा को उन्होंने क़ायम रखा है। वे कभी नहीं झुके, राजनीतिक बंदियों के सम्मान को उन्होंने हमेशा बढ़ाया ! मारपीट और कोड़ेबाज़ी से वे दबे नहीं। और उन्हीं में से एक महावीरसिंह था, जिसने अपने प्राणों की आहुति देकर अंडमान के सभी राजनीतिक बंदियों के लिए मानुषिक अधिकार प्राप्त किए। मैं अपने संपर्क स्थापित करना चाहता था; पर रास्ता कोई न था। मेरे पत्र उन तक कभी नहीं पहुँचे।

1938 में मुझे समाचार मिला कि उनमें से सभी लोगों ने कम्युनिज़्म को अपनाया है, और मेरे पुराने साथियों ने ही अडंमान में 'कम्युनिस्ट कंसोलिडेशन' क़ायम करने में सबसे आगे बढ़कर भाग लिया था। मेरी प्रसन्नता का ठिकाना न था। गर्व से छाती फूल गई। वर्षों पहले जिन समाजवादी विचारों ने हमारे बीच में प्रवेश किया था, आखिर उनका फल निकला।

1940 में गिरफ्तार होने पर लखनऊ जिला जेल में जयदेव, शिव और गयाप्रसाद से मेरी मुलाकात हुई। गहन अध्ययन में व्यस्त इन साथियों का साम्यवाद के प्रति विश्वास परिपक्व हो गया था। वे उस दिन की प्रतिक्षा कर रहे थे, जब वे भी राष्ट्रीय आज़ादी के आंदोलन और पार्टी के लिए अपनी सेवाएँ अर्पित करने में समर्थ हो सकेंगे। वे जानते थे कि अभी कुछ वर्षों तक और उन्हें जेल में रहना होगा। फिर भी उनमें हमेशा की तरह उमंग और हमेशा की तरह का विश्वास मौजूद था।

अतीत की बातें हमें याद आने लगीं। उन्होंने मुझे अंडमान के संघर्षों की हृदयभेदी कहानी सुनाई, और मैंने उन्हें कम्युनिस्ट आंदोलन के विकास की कथा। पर कुछ ही दिनों बाद मुझे एक दूसरी जेल में भेज गया। वहीं मेरी उनसे आखिरी भेंट थी। उसके बाद अब तक मुलाकात नहीं हुई। लाहौर में केवल किशोरी से मैं कुछ क्षणों के लिए मिल पाया था।

पार्टी और पार्टी के उद्देश्य के प्रति इन साथियों की अपार निष्ठा है। बाहरी घटनाओं से उन्होंने जीवित संपर्क बनाए रखा है, इसीलिए जहाँ कहीं भी वे रहे, वहाँ अपने साथी कैदियों को समझाते रहे कि किस प्रकार कम्युनिस्ट पार्टी की नीति ही आज़ादी का मार्ग है; उन्होंने अपना अमिट प्रभाव उन कैदियों पर छोड़ा है। उनका विश्वास कभी डिगा नहीं। जब जापानियों ने हिंदुस्तान पर हमला किया, तब यह जानते हुए भी कि उनके छूटने की बहुत कम संभावना है, और यदि फासिस्टों का सपना पूरा हो गया तो उनके साथ क्या सलूक होगा, उन्होंने देशवासियों का आह्वान किया कि अपनी रक्त की आखिरी बूँद तक लेकर मातृभूति की रक्षा में जुटे रहो। आजाद के सुयोग्य शिष्य और भगतसिंह के सच्चे साथियों की तरह उन्होंने आतंकवादी आंदोलन की सर्वोत्तम परंपराओं का पालन किया है और आज भी वे पहले की तरह हैं—उसी प्रकार के उत्साही क्रांतिकारी, जो यह नहीं जानते कि डर किस चिड़िया का नाम है, जो लोगों की घोर जड़ता और अंधेपन के सामने भी उन बातों को कहने से नहीं हिचकते जिन्हें वे सत्य और देश के लिए शिव समझते हैं।

ग़द्दारों की पार्टी

उस जड़ता और अंधेपन की हद कहाँ तक पहुँच गई है, उसका पता मुझे अभी हाल ही में लाहौर में लगा। कांग्रेस के मंच से राजनीतिक बंदियों की रिहाई की माँग के सिलसिले में जो भाषण होते हैं, उनमें किशोरी, जयदेव, शिव और गयाप्रसाद नाम साफ़ उड़ा दिए जाते हैं। ये सब साथी पंजाब सरकार के ही मेहमान हैं और साढ़े सोलह वर्ष से अधिक जेल काट चुके हैं। आज वहीं हंसराज वोहरा, जिसने अपनी चमड़ी बचाने के लिए भगतसिंह और किशोरी के ख़िलाफ़ गवाही दी थी, और हमारे मुकदमे में मुखबिरी की थी, हमारे एक साथी से यह कहने की हिम्मत करता है कि तुम कम्युनिस्टों ने अगस्त आंदोलन में ग़द्दारी की और सरकार को मदद दी। आज हमारे देश में कैसे दिन आ गए हैं, यह सब पक्के ग़द्दार के शब्दों से, जिसमें अगर जरा भी लाज होती, तो चुल्लू भर पानी में डूबकर मर जाता, साफ मालूम हो जाता है।

और जब पंडित नेहरू जैसे राष्ट्रीय नेता भी वही बात दुहराते हैं, तब मेरे सामने इन साथियों का चित्र आता है जिन्होंने अपने जीवन का सर्वोत्तम भाग जेलों में बिता दिया है; एक गयाप्रसाद हैं जो आज टी.बी. (तपेदिक) से मरणासन्न हैं; एक शिव वर्मा हैं, जिन्होंने निमोनिया के दर्द से व्याकुल अवस्था में भूख हड़ताल के समय दवा खाने से इनकार कर दिया था और नींद लाने की दवा की खुराक को पीना भी नामंजूर कर दिया था, एक जयदेव हैं, जिन्होंने कोड़ों की असह्य यातना भोगी पर

राजनीतिक बंदियों का मान नीचा नहीं होने दिया; एक किशोरी हैं जिन्होंने लाहौर के किले में पुलिस के हाथों घोर यातनाएँ सहीं, पर एक शब्द भी मुँह से न निकला।

क्या यह साथी उसी लक्ष्य के लिए निष्ठावान हैं, जो लक्ष्य ग़द्दारों का है ? ग़द्दारों की पार्टी के सदस्य होना क्या यह लोग पसंद करेंगे ?

पंडित जी सोचें और इन प्रश्नों का उत्तर दें।

●●●